Michael Peters & Jutta Küdde

Münsterland

Radeln für die Seele

15 Wohlfühltouren

Droste Verlag

ALLE TOUREN AUF EINEN BLICK

TOUR 1: GRENZENLOS RADELN — 7
Im nördlichen Dreiländereck
33 km | 100 Hm | 4 Std. | Rundtour

TOUR 2: WIE EIN GEDICHT! — 19
Mit Annette rund um Havixbeck
43 km | 210 Hm | 5 Std. | Rundtour

TOUR 3: HEIDEFAHRT — 31
Münsterland trifft Niederrhein
57 km | 190 Hm | 6 Std. | Rundtour

TOUR 4: STADT, LAND, FLUSS — 43
Sattelfest um Warendorf
40 km | 120 Hm | 4 Std. | Rundtour

TOUR 5: WEITES LAND — 55
Über Strombergs Burgrand schauen
39 km | 240 Hm | 4 Std. | Rundtour

TOUR 6: BLÜTENZAUBER — 67
Im Hamaland
40 km | 160 Hm | 5 Std. | Rundtour

TOUR 7: HERRSCHAFTSZEITEN! — 79
Schloss und Burg im Steverland
49 km | 140 Hm | 5 Std. | Rundtour

TOUR 8: BUMMELBAHNEN — 91
Auf drei Bahntrassen im Norden
49 km | 240 Hm | 5 Std. | Rundtour

TOUR 9: AALLEEN HOPP! — 103
Von Aa nach See
42 km | 120 Hm | 5 Std. | Rundtour

TOUR 10: WALDMEISTERSCHAFTEN — 115
Tour de Hohe Mark
27 km | 160 Hm | 3 Std. | Rundtour

TOUR 11: BRÜCKENTAG!   127
Kreuz und quer am Nassen Dreieck
28 km | 90 Hm | 3 Std. | Rundtour

TOUR 12: SEENSUCHT   139
Halterner See(le)nlandschaft
27 km | 110 Hm | 3 Std. | Rundtour

TOUR 13: KULTUR NAH DER NATUR   153
Durch Gronaus grüne Auen
41 km | 90 Hm | 4 Std. | Rundtour

TOUR 14: BERKELMANIA   165
Im Schatten der Baumberge
40 km | 190 Hm | 3 Std. | Rundtour

TOUR 15: DIE SEELE WASCHEN   179
An münsterschen Gewässern
45 km | 120 Hm | 5 Std. | Rundtour

Emswehr in Rheine

Liebe Leser, liebe Freunde des beseelten Fahrradfahrens,

dieses Buch lädt Sie dazu ein, das Münsterland – ein wahres Paradies für Radelnde – näher kennenzulernen.

Auf 15 Rundtouren über weitgehend ebene und geruhsame Wege können Sie die wunderbare münsterländische Parklandschaft mit dem Rad entdecken. Die Touren führen an erfrischende Plätze in der Natur und an kulturhistorische Orte, die der Seele weiten Raum und viel Zeit zum Atmen und Nachspüren geben.

Es war mir eine große Freude, diese Touren für Sie geplant, gefahren, zusammengestellt und in Worte gefasst zu haben. Jutta Küdde hat mit ihren einladenden und stimmungsvollen Fotos dieses Buch ebenso bereichert.

Auf den Erkundungsfahrten sind wir dabei Menschen begegnet, die mit viel Engagement und Herzblut diese naturnahen und historischen Orte pflegen, uns ihre Geschichten aus der Heimat weiter erzählt haben und für uns erfahrbar machten.

Zudem sind wir unterwegs immer wieder auf eine herzliche Gastfreundschaft getroffen. Auf den Strecken gibt es viele kulinarische Oasen zum Verweilen und Auftanken, in denen man seinen körperlichen Durst und Hunger stillen kann.

Mögen auch Sie an die vielen beseelten Orte gelangen und offenen Menschen begegnen, welche die Fahrt durch die münsterländische Seelenlandschaft jedes Mal zu einem schönen und eindrucksvollen Erlebnis werden lassen. Das Ganze bei hoffentlich immer gutem Wetter und mit viel Rückenwind! Wir wünschen Ihnen allzeit eine gute Fahrt. Radeln Sie mit Seele!

Ihr Michael Peters

NATUR-INFO

KULTUR-INFO

TOUREN-/EVENT-INFO

GENUSS-INFO

- 33 Kilometer
- 100 Höhenmeter
- 4 Stunden
- Rundtour

Salinenpark in Rheine

Auszeittour 1

Grenzenlos Radeln
Im nördlichen Dreiländereck

Aus dem Bahnhof kommend halten wir uns links und nehmen die **Bahnhofstraße** in Richtung Bahnunterführung. An der nächsten Kreuzung treffen wir auf die Lindenstraße, in die wir rechts einbiegen. Gleich hinter der ADAC-Luftrettungsstelle und dem Parkhaus folgen wir nach rechts dem weißen Hinweisschild für Radfahrer und Fußgänger in Richtung Neuenkirchen/Wettringen. Nach wenigen Metern treffen wir auf die Bahnlinie Oberhausen–Quakenbrück, der wir parallel auf dem Bahntrassenradweg der ehemaligen Linie Rheine–Ochtrup an einem früheren, schön restaurierten Stellwerk vorbei und unter der Straßenüberführung hindurch folgen. Bereits nach rund 700 Metern trennen sich unsere Bahnstrecken wieder: Wir folgen unserem Bahntrassenradweg und fahren im Schatten des Thiebergs (84 m) an Ahornbäumen, Hecken und Zäunen entlang. Links geben die Büsche immer wieder kurz einen Blick auf die **Hünenborg ❶** frei, auf der ein Kriegerdenkmal errichtet wurde.

Unser Bahntrassenradweg wird auf der Höhe der Bushaltestelle Goldammerweg kurz unterbrochen, sodass wir nach rechts weiterhin dem Hinweisschild in Richtung Neuenkirchen/Wettringen folgen, die B 70 auf einer Brücke überqueren und nach weiteren rund 300 Metern links in den **Bredeweg** einbiegen. Dieser Weg führt uns am Hofladen Schulze-Osthoff vorbei auf Höhe der **B 70** nach links wieder auf den uns bereits vertrauten Bahntrassenradweg zurück. Schon kommt ein Kalkwerk in Sichtweite, das futuristisch anmutet, denn Form und nahezu unerklärliche Ge-

Auszeittour 1

Kalte Schnauze ist ein aus Butterkeksen und Kakao-Kokosfett geschichteter Kuchen, der vor allem in der Wirtschaftswunderzeit auf den Tisch kam, in der Nacht in einer Kastenbackform in den Keller gestellt wurde und an die feuchte Schnauze eines Hundes erinnert.

räusche lassen an ein Raumschiff und Besuch aus fernen Welten denken.

Hinter dem Kalkwerk an der zweiten Kreuzung verlassen wir den Bahntrassenradweg und folgen rechts dem Asphaltweg an einer Sitzbank vorbei in Richtung Melkhus. Nun eröffnet sich uns ein weiter und freier Blick ins nahe Emsland, in dem sich am Horizont Himmel und Erde zu berühren scheinen. Unmittelbar vor der **K 66** biegen wir rechts in den Asphaltweg ein und lassen uns ganz entspannt zu unserer ersten Pause im **Melkhus** ❷ hinabrollen. Hier nimmt uns Mechthild Leifker herzlich in Empfang und bietet allen Radlern neben frischen Milchshakes auch Kaffee und, von Männern heiß geliebt, die Kalte Schnauze an.

Anschließend setzen wir unsere Tour in Fahrtrichtung fort, um nach rund 100 Metern in tiefster Bauernschaft vor der Haltestelle Rietmann/Reinke der Vorfahrtstraße nach links zu folgen. Diese führt uns über die **K 66** hinweg und kurz hinter den Überlandleitungen zu einer Kreuzung, die durch den Findling Feldhook 1995 gekennzeichnet ist. Hier nehmen

Milchshake am Melkhus

Im nördlichen Dreiländereck

 Für die Seele

Die Seele lässt sich nicht einfangen.

wir den Asphaltweg nach rechts, bis wir an einen Wetterpavillon und eine Querstraße gelangen. In diese biegen wir links ein, und auf dem straßenbegleitenden Radweg gelangen wir unmittelbar zum **Erholungspark Haddorfer Seen** ❸.

Die Haddorfer Seen sind eingebettet in eine herrliche Heidelandschaft mit Kiefernwäldern. Die Gewässer entstanden im Laufe der Zeit durch den Abbau von Sand und Kies und bilden heute ein Ferien- und Freizeitgebiet, das auch uns Erholung pur bietet. Nachdem wir auf Höhe der ersten Ferienhäuser noch einmal die Straßenseite gewechselt haben, lädt uns zunächst das **See-Café** ❹ zum Verweilen ein. Wir folgen dem Hinweisschild nach rechts, um durch den kleinen Alleenweg direkt auf die aussichtsreiche Seeterrasse zuzufahren. Am Café finden wir mit den Liegestühlen oder naturnah grünem Rasen weitere einladende Lagermöglichkeiten, um unsere im Badesee gekühlten Füße an der Luft trocknen zu lassen. Wem nicht nach innerer und äußerer Abkühlung zumute ist, kann sich am Badesee links halten, um sich ganz von der angrenzenden Wacholderheide umfangen zu lassen.

Wir fahren an das Ende der Allee zurück, um hinter den Parkplätzen rechts herum unseren Weg in Richtung Ohne fortzusetzen. Wir kommen am Campingpark mit Bistro entlang, fahren zwischen zwei Seen hindurch, an einem Wetterpilz vorbei und erreichen nach einer Rechtskurve und dem Wechsel von Schotter auf Asphalt den links etwas versteckt liegenden, ehemaligen Grenzstein zwischen Preußen und Han-

Auszeittour 1

Dorfkirche in Ohne

nover. Hier werden wir erstmalig zu Grenzgängern, indem wir vom Münsterland in die Grafschaft Bentheim und damit von Nordrhein-Westfalen nach Niedersachsen überwechseln. Nun folgen wir auch nicht mehr einem roten, sondern einem grünen Pfeil in Richtung Ohne, der uns auf einen querenden Asphaltweg nach links und zur **K 30** geleitet, um hier nach rechts auf dem parallel verlaufenden Radweg weiterzufahren. Dieser führt uns in einer lang gezogenen Linkskurve direkt auf die kleine Dorfkirche zu. Kurz hinter dem Friedhof findet sich rechts ein schmaler Weg, auf dem es über eine Rad- und Fußgängerbrücke über die Vechte hinweg in die Mitte **Ohnes** ❺ hineingeht. Hier gibt es neben der Kirche einen idyllischen Dorfplatz, Dorfkneipen, den Dorfladen und freitags die Fischbude. Das alles können wir bestens von der Außengastronomie des **Gasthofes Timmer** ❻ mit Kaltgetränken oder Kaffee und Kuchen begutachten.

Nach ausgiebiger Pause nehmen wir denselben Weg links an der Kirche vorbei, über die uns schon vertraute Vechtebrücke zurück und folgen den grünen Radwegpfeilen in Richtung Salzbergen. Dazu biegen wir von der **K 30** nach links in den Salzbergener Weg ein, der uns nach rund 2 Kilometern erneut über die Grenze, nun aber ins Emsland bringt. Kurz darauf erreichen wir auf Höhe eines Rastplatzes erneut die Haddorfer Seenwelt. Hier ist das Betreten leider offiziell wegen des aktiven Sandabbaus verboten, und wir setzen unseren Weg nach links über den Ohner Weg bis zum Steider Heek fort. Hier erwartet uns ein großzügiger Rastplatz, der uns mit seinen Infotafeln auf den vor uns liegenden, geschichtsträchtigen **Töddenweg** vorbereiten möchte.

Nach der Infopause begeben wir uns auf die Spuren der Tödden, Marskramer und Hollandgänger und

Im 17. und 18. Jahrhundert zogen Leinenkaufleute aus Münsterland nach Holland, um ihr Leinen feilzubieten. Dazu nutzten sie feste Routen wie den Töddenweg. Die Gründer bekannter Textilwarenhäuser wie Brenninkmeyer (C&A) oder Peek & Cloppenborg (P&C) waren einst hier unterwegs. Der Töddenweg ist heute ein Fernwanderweg von Osnabrück nach Deventer/NL.

Auszeittour 1

nehmen rechtsherum den Alten Postweg in Richtung Rheine. Unser Weg führt uns durch den schönen Gutsforst Stovern, dessen Einfahrt zum Herrenhaus wir auf Höhe eines Parkplatzes kurz vor der **K 312** erreichen. Die Durchfahrt zum Herrenhaus ist verboten; das Haus ist nicht zugänglich. Doch wer die Länge des Fußweges nicht scheut, wird mit einem ländlich-harmonischen Anblick des alten Ritterguts belohnt.

Unseren Weg setzen wir geradeaus über die K 312 hinweg auf dem **Altem Postweg,** der früher das reiche Amsterdam und Osnabrück verband, fort, bis wir zu einer Kreuzung mit sagenhaftem Altem Postkreuz gelangen. Die Geschichte der armen Seelen, die hier beim Überfall auf die Postkutsche ihr Leben ließen, ist auf einer Hinweistafel nachzulesen. „Gewarnt" verlassen wir ab hier den Postweg nach links, überqueren auf der Devesstraße den Bahnübergang und die **L 39/**

Emsidylle

Im nördlichen Dreiländereck

L501, um unmittelbar danach rechts in den Laugenweg abzubiegen und der Emsland-Route nach Rheine zu folgen. Schon nach rund 400 Metern überfahren wir erneut eine Grenze, hinter der uns wieder das Münsterland willkommen heißt. Weiterhin grenznah radelnd erreichen wir hinter einem Bauernhof einen baumumsäumten Rast- und Picknickpavillon, und es heißt aufgepasst: Wir halten uns links und rollen rund 100 Meter leicht abwärts, um in einer Rechtskurve an einer rot-weiß gestreiften Gefahrenbarke die Pappelallee nach links zugunsten eines Feldweges zu verlassen, der uns direkt in einer geschwungenen Links-rechts-Kurve auf den

Kloster Bentlage

kleinsten Strom Deutschlands, die Ems, zuführt. An der Ems verweilen wir einen Augenblick und lassen uns ganz von der sanften Idylle dieser traumhaften **Flusslandschaft** ❼ umfangen. Links erblicken wir die Schleuse Bentlage; wir halten uns jedoch rechts und fahren die nächste Zeit unbeirrt am Ufer entlang durch den gleichnamigen Busch und auf einem der schönsten Abschnitte aller münsterländischen Fahrradtouren. Immer wieder können wir auf Bänken an der Ems verweilen, die Seele baumeln und unsere Gedanken und Träume mitfließen lassen.

Am Ende unseres Uferwegs fahren wir direkt in den Garten des **Klosters Bentlage** ❽. Das **High Tea Café** ❾ lädt uns ein, dem Geheimnis des Klostergeistes nachzugehen. Es handelt sich um ein alkoholfreies Getränk mit Sahne, die weitere Mixtur wird uns nicht verraten. Das Kloster Bentlage beherbergt ein kleines, aber fei-

Die Ems ist der kleinste Strom Deutschlands. Über eine Länge von rund 370 Kilometern schlängelt sie sich von ihrer Quelle im ostwestfälischen Sennegebiet durchs Münsterland bis zum Dollart bei Emden. Hier ergießt sie sich neben Weser und Elbe in die Nordsee.

Auszeittour 1

Die Saline Gottesgabe wurde bereits vor rund 1000 Jahren erstmalig urkundlich erwähnt und lieferte bis 1953 Siedesalz. Ab 1867 richtete man hier zudem einen Bade- und Kurbetrieb ein, der fast 100 Jahre lang vielen Menschen Linderung und Heilung brachte.

nes Museum und ist Sitz der Europäischen Märchengesellschaft.

Das schmiedeeiserne Schlosstor und die zwei hübschen Torhäuser im Rücken, nehmen wir geradeaus den Schlossweg, dem wir nach rund 600 Metern hinter der Brücke über den kleinen Salinenkanal nach links folgen und direkt auf die **Saline Gottesgabe** 10 zufahren.

Wir nehmen den Weg unmittelbar rechts am ersten Gradierwerk der Saline entlang und biegen hinter dem zweiten Gradierwerk und der Brücke über den Salinenkanal nach rechts in einen Weg ein, der uns am Zaun des Naturzoos entlangführt. Vor einer Eisenbahnbrücke biegen wir auf der Höhe des Kunstwerkes „Two Green Windows" links ab, um nach rund 300 Metern rechts die Brücke zu unterqueren und auf dem Bentlager Weg am Sportplatz des FC Eintracht vorbei auf die Innenstadt von Rheine zuzufahren. Nach und nach eröffnet sich zum „großen" Fi-

Schausiedepfanne im Salinenpark

Im nördlichen Dreiländereck

nale hin noch einmal ein wunderschöner Blick auf die Ems, das Emswehr und den Kirchberg. Nachdem wir das Mühlentor mit altem Kornspeicher auf Wehrhöhe passiert haben, biegen wir links dem roten Pfeil folgend zum Fluss ab, um uns mit einem letzten Blick von Deutschlands kleinstem Strom zu verabschieden. Dazu können wir kurz auf einer Bank verweilen, bevor wir auf Höhe eines Hotels den Anstieg zur Brücke nehmen und auf dem Scheitelpunkt nach rechts über den Heiliggeistplatz und An der Stadtkirche den Kirchberg erklimmen. Die Auffahrt führt uns direkt ins Herz der Stadt, den Marktplatz mit Stadtkirche. Nun können wir noch einmal die Füße im Marktplatzbrunnen kühlen und entspannt die Tour in einer der zahlreichen Gastwirtschaften ausklingen lassen. Oder wir werfen doch noch einen Blick in die sehr empfehlenswerte **Stadtkirche St. Dionysius** ⓫. Die spätgotische Hallenkirche wurde im 15. Jahrhundert erbaut und thront als Mittelpunkt der Kirchburg hoch über der Ems. Ihre Helligkeit und Weite laden ein, nochmals die Seele schweben zu lassen.

Störche auf Futtersuche

Abschließend folgen wir vom Marktplatz aus einfach der innerörtlichen Beschilderung in süd-westlicher Richtung zum Bahnhof. Zunächst den **Borneplatz** passierend, erblicken wir zur linken und rechten Seite noch das alte bzw. neue Rathaus und in überschaubarer Ferne wieder unseren Ausgangspunkt.

Alles auf einen Blick

Entspannung ✶✶✶✶✶
Genuss ✶✶✶✶✶
Romantik ✶✶✶✶✶

WIE & WANN:
Überwiegend Asphalt, kaum Autoverkehr, ganzjährig befahrbar

HIN & WEG:
Auto: Parken im Parkhaus P2 am Bahnhof, Bahnhofstraße 32, 48431 Rheine
(GPS: 52.277656, 7.434502)
ÖPNV: Mit der Bahn bis Bf Rheine (RE 7 Köln–Hagen–Münster–Rheine, Rhein-Münsterland-Express;
RE 15 Münster–Rheine–Emden, Emsland-Express; RB 65 Münster–Rheine, Emsbahn;
RE 60 Rheine–Osnabrück–Hannover–Braunschweig, Ems-Leine-Express;
RB 61 Hengelo–Rheine–Osnabrück–Bielefeld, Wiehengebirgsbahn;
zudem IC-Fernverkehr Amsterdam–Rheine–Berlin und Köln–Rheine–Emden)
Fahrradverleih: Radstation am Bahnhof, Am Hauptbahnhof 6, 48431 Rheine, Tel. (0 59 71) 16 29 03

ESSEN & ENTSPANNEN:
Melkhus ❷ Landersum 3, 48485 Neuenkirchen, Tel. (0 59 73) 26 00, www.melkhus-leifker.de
See-Café Haddorf ❹ Haddorf 58, 48493 Wettringen, Tel. (0 59 73) 43 41
Gasthof Timmer ❻ Dorf 19, 48465 Ohne, Tel. (0 59 23) 24 54
High Tea Café ❾ Bentlager Weg 130, 48432 Rheine, Tel. (0 59 71) 91 84 02, www.highteacafe.eu

ENTDECKEN & ERLEBEN:
Hünenborg ❶
Haddorfer Seen ❸
Ortsmitte Ohne ❺
Emsflusslandschaft ❼
Kloster Bentlage ❽ Bentlager Weg 130, 48432 Rheine,
Tel. (0 59 71) 91 84 68, www.kloster-bentlage.de
Saline Gottesgabe ❿ www.saline-gottesgabe.de
Stadtkirche St. Dionysius Rheine ⓫ An der Stadtkirche 12, 48431 Rheine,
Tel. (0 59 71) 23 64, www.dionysius-rheine.de

- 43 Kilometer
- 210 Höhenmeter
- 5 Stunden
- Rundtour

Haus Rüschhaus

Auszeittour 2

Wie ein Gedicht!
Mit Annette rund um Havixbeck

Den Bahnhof im Rücken fahren wir geradeaus und lassen uns von der **L 550** aufnehmen, die uns am Haus Havixbeck vorbei zur Ampel führt, an der wir nach rechts abbiegen. Über die **Josef-Heydt-Straße** kommen wir zum zweiten Kreisverkehr, nehmen hier die zweite Ausfahrt, folgen kurz der Hauptstraße und biegen gleich rechts in die Schulstraße ein. Wir kommen am **Friedhof Havixbeck** ❶ vorbei, auf dem nahezu alle Grabsteine und -stelen im für diese Umgebung typischen Baumberger Sandstein gehalten sind.

Die Schulstraße führt uns an die Schützenstraße heran, die wir linksherum nehmen, um an der nächsten Kreuzung rechts in den Beekenkamp und gleich wieder links in den Antoniusweg einzubiegen. Wir orientieren uns am roten Pfeil des Radwegenetzes, mit dem wir an einem westfälischen Großbauernhof vorbei an den Schlautbach gelangen. Dieser ist eingebettet in einer herrlich idyllischen Natur und lässt uns tief in die münsterländische Parklandschaft eintauchen. Am **Ponyhof Schleithoff** können wir einen Moment innehalten, um die besondere Atmosphäre zwischen Mensch, Pferd und Natur auf uns wirken zu lassen. Wir folgen der Allee am Bach entlang in Richtung Roxel. Unser Pfad führt uns durch ein sehr anmutiges Waldstück, bis wir auf einen weiteren Schotterweg treffen. Diesen nehmen wir linksherum, um wenig später nach rechts in eine Hauptstraße einzubiegen. Gleich links befindet sich das **Pflanzenheim Havixbeck e.V.** ❷, in dem „heimatlose Pflanzen" ein neues Zuhause erhalten. Weiter in Fahrtrichtung gelangen wir auf

Der Baumberger Sandstein wird auch als Marmor des Münsterlandes bezeichnet. Der feinkörnige und kalkhaltige Stein wird seit über 1000 Jahren nahe bei Havixbeck abgebaut und als hochwertiges Material von Bildhauern und Bauleuten sehr geschätzt.

Auszeittour 2

Annette von Droste Hülshoff (1797–1848) ist bis heute eine der bedeutendsten Dichterinnen Deutschlands, sie war außerdem Musikerin und Komponistin. Ihre Lyrik ist geprägt von ihrer eigenen Religiosität und durchdrungen von einer beeindruckenden Naturnähe. Ihr Porträt fand sich bis zur EURO-Einführung auf der Vorderseite des 20-DM-Scheins.

die K 50, in die wir rechts einbiegen, um diese nach rund 300 Metern links zugunsten eines Feldweges wieder zu verlassen. Weiterhin ist der rote Pfeil unser zuverlässiger Wegbegleiter, der uns über einige Schotterpisten durch einen etwas raueren, aber ebenso abwechslungsreichen Landstrich direkt zum Geburtsort der Dichterin Annette von Droste Hülshoff, der **Wasserburg Hülshoff** ❸, geleitet.

Die Burg Hülshoff wurde erstmals im 11. Jahrhundert erwähnt. Sie ist eine geschlossene Renaissanceanlage, die im 17. und 18. Jahrhundert mit Formen des Barocks erweitert wurde. Dabei wurde Baumberger Sandstein in Kombination mit Ziegelmauerwerk verwendet. Ein herrlicher Schlosspark und das **Restaurant** ❹ laden zu einem längeren Verweilen und Ausruhen ein.

Burg Hülshoff

Mit Annette rund um Havixbeck

 Für die Seele

Ein gutes Wort spricht jeden an.

Nach unserer Pause folgen wir der Dichterin auf ländlichen Pfaden, Straßen und Alleen durch ihre heimatliche „Droste-Landschaft" mit saftigen Wiesen und goldenen Getreidefeldern, umsäumt von rotem Klatschmohn und blauen Kornblumen, zu ihrem nicht weit entfernt liegenden nächsten Domizil, dem **Haus Rüschhaus.** Dazu orientieren wir uns zunächst wieder an dem roten Radwegweiser in Richtung Nienberge. In östlicher Richtung am Zaun der Parkanlage entlang gelangen wir über eine Schotterpiste an die **K 22.** In diese biegen wir links ein, um auf der Höhe einer alten Wassermühle kurz hinter der Münsterschen Aa-Brücke mit der grünen **Beschilderung F 74** rechts in den idyllischen Waldweg einzufahren. Dieser führt uns auf einen Asphaltweg, in den wir rechts einbiegen. Auf der rechten Seite finden sich noch vereinzelte Spuren der Moorlandschaft, die Annette von Droste Hülshoff in einem ihrer bekanntesten Werke „Der Knabe im Moor" eindrucksvoll beschrieben hat. Der Asphaltweg führt uns zur **L 529,** die wir vorsichtig kreuzen, um auf der anderen Straßenseite unseren Weg auf der Wittoverstiege geradeaus fortzusetzen. An der Querstraße wenden wir uns nach links und gelangen an einen der Dichterin gewidmeten **Rastplatz** ❺**,** der an ihre Wanderungen und naturnahen Gedichte erinnert.

Wir folgen linksherum dem **Twerenfeldweg** und passieren das etwas hinten liegende Haus Vögeding, das sich ebenfalls im Besitz der Droste-Familie befand, bis wir zum **Restaurant Hüerländer** ❻ gelangen.

„Es war an einem jener Tage,
Wo Lenz und Winter sind im Streit,
Wo naß das Veilchen klebt am Hage,
Kurz, um die erste Maienzeit;
Ich suchte keuchend mir den Weg
Durch sumpf'ge Wiesen, dürre Raine,
Wo matt die Kröte hockt' am Steine,
Die Eidechs schlüpfte übern Steg."

aus „Dichters Naturgefühl"
von A. v. Droste-Hülshoff

Auszeittour 2

Am Rüschhaus

Alle zehn Jahre finden die Skulptur-Projekte statt. Sie sind bei international renommierten Künstlern und Kunstinteressierten sehr beliebt. Im Dialog zwischen Kunst und öffentlichem Raum sind zahlreiche Objekte zu besichtigen, befühlen und beschnuppern.

Nach einer Stärkung können wir uns mit ganzer Seele dem Wohndomizil der Dichterin widmen. Hierzu halten wir uns gleich hinter dem Hotel links und überqueren vorsichtig den **Rüschhausweg/K 1,** um diesen gleich wieder nach rechts zu verlassen. Unmittelbar danach stoßen wir rechter Hand auf einen Metallblock, der als Kunstobjekt namens **„Dialogue with Johann Conrad Schlaun"** ❼ im Rahmen der Skulptur-Projekte 2007 aufgestellt wurde.

Gleich vis á vis durch die schöne Allee hindurch erblicken wir das **Haus Rüschhaus** ❽, ein Kleinod spätbarocker Baukunst des Architekten Schlaun sowie ein Kreativ- und Schreibort der Dichterin. Im „Schneckenhäuschen" verfasste sie viele Gedichte und ihr wohl bekanntestes Werk „Die Judenbuche".

Wir nehmen die Blickrichtung zum Haus Rüschhaus ein und folgen dem roten Pfeil am Wassergraben des Barockgartens entlang. Bevor wir die **A 1** über eine Rad- und Fußgängerbrücke kreuzen, durchqueren wir den Hochzeitswald Münster. Hinter der Brücke biegen wir an einem Pferdehof umgehend links in den Landweg ein und gelangen nach einer Links-rechts-

Mit Annette rund um Havixbeck

Kurve zu einer Einmündung, in die wir links zum Haus Uhlenkotten einbiegen und dem roten Pfeil in Richtung Kinderhaus über die **B 54** hinweg bis zum Kreisverkehr folgen. Im Kreisverkehr nehmen wir die zweite Ausfahrt in den Vorbergweg hinein, der uns immer ganz seicht abwärts rollend nach rund 1 Kilometer zu einer Querstraße, der **Gasselstiege** ❾, führt. In diese biegen wir links ein und lassen uns von einem der schönsten Radwegabschnitte des Münsterlandes begeistern. Durch dichtes Laubwerk, das uns ganz umfangen hält, geht es eine kleine Ewigkeit lang durch das Naturschutzgebiet Vorbergshügel bis zur Hägerstraße. Wir halten uns rechts und gelangen nach kurzer Zeit zu einem Bahnübergang. Direkt hinter der Bahnschranke biegen wir links in den **Schmitthausweg** ein. Diesem Weg folgen wir parallel zu den Bahnschienen leicht ansteigend bis zur Eisenbahnbrücke, die wir nach links überqueren, um gleich rechts abzubiegen und dem roten Pfeil bis zu einem Hof mit schöner Mariendarstellung im Giebel und der AST-Haltestelle Kolpinghaus zu folgen. An dieser Wegabzweigung folgen wir nun nach links dem roten Pfeil in Richtung Havixbeck. Jetzt geht es einige Zeit leicht bergan, bis wir zur **L 510** gelangen. Rund 100 Meter nach rechts befindet sich die Straßenkapelle Madonna der Landstraße. Unseren eigentlichen Weg aber setzen wir nach vorsichtigem Überqueren der L 510 geradeaus fort. Wir lassen uns gemächlich die

Münsters schönster Radweg

Auszeittour 2

wenig befahrene K 51 hinabrollen, „überbrücken" die **B 54** und überqueren an einer Gärtnerei die **K 71,** um zu einer Rechtskurve zu gelangen, in der wir weiterhin dem roten Pfeil folgen und geradeaus bis zur Hohenholter Klostermühle weiterfahren. Dicht hinter dem Bach biegen wir rechts in einen schönen Feldweg ein, der uns zu zwei aufeinanderfolgenden Holzbrücken über die Münstersche Aa führt.

Wir fahren auf dem Waldweg bis zur Hauptstraße, die uns rechtsherum direkt nach Hohenholte geleitet. „Wenn ich könnte, wie ich wollte, käm' ich stets nach Hohenholte", soll Annette von Droste Hülshoff einst gesagt haben. Das prämierte Dorf bietet allerlei Genussvolles. Zunächst lädt uns die **Kaffeewirtschaft Oeding-Erdel** ⑩ zu Koffein und Gebäck ein. Wenn wir uns an der gegenüberliegenden Kreuzung links halten, gelangen wir über Auf dem Stift zur sehenswerten **Saalkirche St. Georg** ⑪. Die Kirche gehörte zu einem Damenstift, in dem Annettes Schwester Jenny wohnte. Die Dichterin war an diesem Ort immer herzlich willkommen, auch weil sie in dem der Kirche gegenüberliegenden Haus Nr. 8 Schülernachhilfe – natürlich in Deutsch – gab. Nachfüllen können wir dann noch unseren Proviant für den letzten Abschnitt unserer Tour. Alles Nötige findet sich im Tante-Emma-Laden von Renate Vieth im Haus Nr. 26.

Wir folgen der Straße **Auf dem Stift,** die rund 100 Meter hinter der Kirche in eine scharfe Rechtskurve übergeht. Hier biegen wir jedoch links in den Waldweg ein, folgen dem grünen **F 75-Schild** und kommen nach weiteren 100 Metern an eine Waldwegkreuzung. Wir biegen rechts ab und gelangen durch das schöne Waldstück zur **K 1,** um rechtsherum die nächste Zeit weiter auf dieser Kreisstraße zu fahren. Wir gelangen zu einer Kreuzung auf Höhe der gleichnamigen Bushaltestelle, überqueren diese geradeaus und folgen dem

Auszeittour 2

Schild in Richtung Sportzentrum Havixbeck. Nach wenigen Metern findet sich gleich rechts ein schöner Bildstock mit Josef und Jesuskind aus Baumberger Sandstein, den wir passieren, um hinter der Bushaltestelle Böckenholt rechts in die Beerlage abzubiegen. Nun heißt es aufgepasst: Nach rund 1 Kilometer an der zweiten Bushaltestelle gelangen wir auf der Höhe von Walingen 1 an einen Pferdehof, auf den ein alter Pferdewagen auf der Wiese hinweist. Hier biegen wir links ab, überqueren den Hof und gelangen über einen Schotterweg nach einer Linkskurve zu einem idyllischen Mühlenteich.

Hier halten wir uns rechts, um parallel zum Wasserverlauf auf **Haus Stapel** ⑫ zuzufahren. Hier gab Annette von Droste Hülshoff auch ihren Nichten und Neffen Nachhilfe. Wir müssen jetzt nur noch die erste Brücke nach links nehmen, um dieses Juwel westfälischer Baukunst zu erreichen. Es wurde ebenfalls von Baumeister Schlaun im 18. Jahrhundert entworfen. Das

Haus Stapel

Mit Annette rund um Havixbeck

schlichte Ensemble aus Sandstein, vor blauem Himmel eingebettet in die münsterländische Parklandschaft, ist sehr eindrucksvoll und für die Seele erbauend.

Nachdem wir uns mit den Augen sattgesehen haben, soll nun der Magen zu seinem Recht kommen. Dazu folgen wir dem Weg nur noch ein kurzes Stück geradeaus, um an der nächsten Kreuzung auf Höhe der Bushaltestelle Haus Stapel rechts abzubiegen und auf das historische **Brauhaus Klute** ⑬ nebst gleichnamigem **Café** ⑭ zuzufahren. Nachdem wir vorsichtig die L 550 überquert haben, müssen wir für heute nur noch eine Entscheidung treffen: Erst Kaffee im Kaffeehaus oder gleich ein Bier (gerne ein alkoholfreies!) mit herzhaften westfälischen Speisen im Brauhaus oder Biergarten?

Danach sollten wir den zunächst leicht ansteigenden Rückweg nicht scheuen. Dazu halten wir uns mit Blickrichtung zum Café Klute links und folgen dem roten Pfeil auf dem Radweg parallel zur L 550

Baumberger Sandsteinmuseum

durch ein kleines Waldstück bis zur Bushaltestelle Frede. Für eine letzte Einkehr halten wir uns links, um uns mithilfe des roten Pfeils zum **Baumberger Sandsteinmuseum** ⑮ nebst gleichnamigem **Café** ⑯ leiten zu lassen. Hier dreht sich noch einmal alles um den Marmor des Münsterlandes, bei Gastgeber Witold Wylezol zudem alles um Kaffee und das Kulturforum ARTE.

Weiter dem roten Pfeil folgend, geht es über den Marktplatz und auf der sich anschließenden Hauptstraße auf demselben Weg zum Ausgangspunkt mit vielleicht der ein oder anderen dichterischen Seelenregung zurück.

Alles auf einen Blick

Entspannung ✸✸✸✸✸
Genuss ✸✸✸✸✸
Romantik ✸✸✸✸✸

WIE & WANN:
Überwiegend asphaltierte Wege, ganzjährig bei trockenem Wetter gut befahrbar

HIN & WEG:
Auto: Parken am Bf Havixbeck (GPS: 51.966516, 7.408502)
ÖPNV: Mit der Bahn bis Bf Havixbeck (RB 63 Münster–Havixbeck–Coesfeld, Baumbergebahn)

ESSEN & ENTSPANNEN:
Restaurant Burg Hülshoff ❹ Schonebeck 6, 48329 Havixbeck,
Tel. (0 25 34) 10 52, www.burg-huelshoff.de/besuch/gastronomie
Restaurant Hüerländer ❻ Twerenfeldweg 4, 48161 Münster,
Tel. (0 25 33) 5 61, www.hotel-hueerlaender.de
Kaffeewirtschaft Oeding-Erdel ❿ Roxeler Straße 6, 48329 Havixbeck, Tel. (0 25 07) 12 35
Brauhaus Klute ⓭ Poppenbeck 28, 48329 Havixbeck, Tel. (0 25 07) 9 83 90, www.brauhaus-klute.de
Café Klute ⓮ Poppenbeck 28, 48329 Havixbeck, Tel. (0 25 07) 29 58, www.cafe-klute.de
Café im Sandsteinmuseum ⓰ Gennerich 9, 48329 Havixbeck, Tel. (0 25 07) 47 40,
www.sandsteinmuseum.de/pages/willkommen.php

ENTDECKEN & ERLEBEN:
Friedhof Havixbeck ❶ Schulstraße 5, 48329 Havixbeck, www.friedhof.havixbeck.de
Pflanzenheim Havixbeck e.V. ❷ Herkentrup 9, 48329 Havixbeck, Tel. (0 25 07) 57 27 22
Burg Hülshoff ❸ Schonebeck 6, 48329 Havixbeck, Tel. (0 25 34) 10 52, www.burg-huelshoff.de
Rastplatz Annette von Droste Hülshoff ❺
„Dialogue with Johann Conrad Schlaun" ❼ Rüschhausweg, 48161 Münster
Haus Rüschhaus ❽ Am Rüschhaus 81, 48161 Münster, Tel. (0 25 34) 10 52,
www.burg-huelshoff.de/besuch/haus-rueschhaus   **Gasselstiege** ❾
Stiftskirche St. Georg ⓫ Auf dem Stift 31, 48329 Havixbeck-Hohenholte, Tel. (0 25 07) 13 43
Haus Stapel ⓬ Gennerich 18b, 48329 Havixbeck
Baumberger Sandsteinmuseum ⓯ Gennerich 9, 48329 Havixbeck,
Tel. (0 25 07) 15 96, www.sandsteinmuseum.de

- ✸ 57 Kilometer
- ✸ 190 Höhenmeter
- ✸ 6 Stunden
- ✸ Rundtour

Auszeittour 3

Heidefahrt
Münsterland trifft Niederrhein

Den **Bahnhof** im Rücken nehmen wir geradeaus den Stockkamp, biegen vor der St. Pankratiuskirche links ab und gelangen geradeaus über die Hohe Straße zum Kreisverkehr. Wir nehmen die erste Ausfahrt rechts in die Bocholter Straße, um nach rund 500 Metern auf der gegenüberliegenden Seite links der Beschilderung zur Akademie Klausenhof zu folgen. Wir biegen vom Hasselmannsfeld nach rechts auf die Klausenhofstraße ein, der wir uns die nächste Zeit an der gleichnamigen Katholischen Akademie vorbei geradewegs bis in die **Dingdener Heide** ❶ hinein anvertrauen. Am Parkplatz der Heide angekommen, biegen wir rechts in die Straße **Zum Venn** ein, um uns ganz der Weite, den saftigen Wiesen und der Tierwelt mit zahlreichen weißen, braunen und natürlich schwarzen Schafen zu verschreiben, die diesem schönen Naturschutzgebiet ihre ganz besondere Eigenart verleihen.

Direkt hinter einem alten Ziehbrunnen gelangen wir an eine Kreuzung. Hier folgen wir der Straße nur noch knapp 100 Meter geradeaus, um uns am Ende des Wäldchens nach links und zu Fuß ins Gehölz zur **Aussichtskanzel** ❷ am Rand der Büngernschen Heide zu begeben. Diese können wir erklimmen, um uns den besten Überblick über diese wunderbare Feuchtwiesenlandschaft zu verschaffen. Danach fahren wir die 100 Meter zur Kreuzung zurück, biegen dann rechts ab und radeln die nächsten nahezu 4,5 Kilometer immer geradeaus in die Büngernsche Heide hinein. Im Juni umgibt uns hier ein wahres Vogelorchester. Wir überqueren den Elsenweg geradeaus in Richtung ei-

Die Dingdener Heide bildet zusammen mit der Büngernschen Heide ein weitflächiges Naturschutzgebiet, das seit 40 Jahren seltenen Wiesenvögeln und fliegenden Durchzüglern Heimat und Rast bietet. Auch Reptilien, Amphibien, Libellen und Heuschrecken findet man hier.

Auszeittour 3

nes Biohofs und passen nach weiteren rund 350 Metern kurz einmal auf: An einem Hofgebäude zweigt sich unser Weg auf. Wir halten uns links, und weiter geht es immer geradeaus am Auenwald und einigen Gehöften vorbei bis zur Bushaltestelle Büngener Heide. Hier mündet unser Weg auf die **K 60** ein, die uns rechtsherum auf einem straßenbegleitenden Radweg mit rotem Pfeil und in einer lang gezogenen S-Kurve leicht abwärts und gemächlich auf den Kirchturm von Krechting zuführt. Kurz hinter dem gelben Ortsschild überqueren wir einen Bach und gelangen zu einer weiteren Brücke über die Bocholter Aa, vor der wir rechts in den Uferweg einbiegen und zur **Wasserkraftanlage** ❸ gelangen. Wir lauschen dem Rauschen des kleinen

Turmwindmühle

Münsterland trifft Niederrhein

 Für die Seele

Heide, Venn und Moore öffnen der Seele Tore.

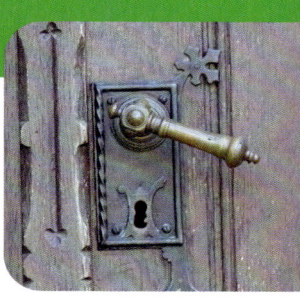

Flusses, der hier mit großer Geschwindigkeit Wasserkraft in Strom verwandelt. Über die kleine Aa-Brücke gelangen wir zu unserer ersten Raststätte **Zur alten Post** ❹. Nach einer Pause verlassen wir den Gasthof dem roten Pfeil nach rechts folgend und in östlicher Richtung. Die **K 60** führt uns hier in einer lang gezogenen Rechtskurve an die Aa zurück. Direkt hinter der Brücke biegen wir links in das Aapättken ein. Hier begrüßen uns alle Tiere einer westfälischen Flusslandschaft: Singvögel, Reiher, Störche und viele mehr. Wir folgen der Aa unter der **L 581** hindurch und gelangen zur nächsten Brücke und Querstraße, in die wir rechts einbiegen. Nun vertrauen wir uns dem roten Pfeil unbeirrt bis nach Raesfeld an. Links geht es wenig später in den Renzelhook, und schon erblicken wir rechts die **Habers Mühle** ❺, die uns zu einer kurzen Rast unter ihren weit gespannten Flügeln einlädt. Hinter der Mühle geht es rechts und gleich wieder links in den **Schlehdornweg** hinein, dem wir durch Wald und Flur folgen, bis uns links die Straße Am Bildstock aufnimmt und an die **K 39** heranführt. Diese sollten wir nicht sofort überqueren. Denn wenn wir uns an der imposanten Gutsanlage links halten und nur wenige Meter der **K 39** folgen, kommen wir zur wunderbaren **Kirche St. Maria Immaculata** ❻. Die Küsterfamilie Anschlag lädt uns herzlich ein, hier unsere Stimme erschallen und die Seele erheben zu lassen. Gerne dürfen wir auch an ihrer Tür läuten, um unsere Wasservorräte aufzufüllen.

Nachdem wir dann doch die **K 39** weiter dem roten Pfeil folgend überquert haben, kommen wir am Bild-

Auszeittour 3

Issel-Quelle

Der kleine Fluss Issel legt rund 80 Kilometer zurück, um sich im niederländischen Doesburg als Oude Ijssel mit der Gelderschen Ijssel zu verbinden und dann nach weiteren rund 100 Kilometern den größten Süßwassersee Hollands, das Ijsselmeer, zu speisen.

stock nach links auf den Großer Kamp Weg, dem wir bis zum Homerweg folgen. In diesen biegen wir rechts ein, um ihm abwechselnd durch Wald und Feld bis Zum Kierit zu folgen. In diesen biegen wir links ein und folgen der Straße bis zur **Weseler Landstraße/L 896.** Diese überqueren wir und schwenken gleich nach rechts **An der Ulme** ein. Der Weg führt uns zu einem Hof, der eine 600 Jahre alte **Predigt-Ulme** ❼ vorweisen kann. Hinter den Stallungen können wir einen Blick auf diesen „heiligen" Baum werfen, der zudem durch ein Feuer gespalten wurde. Wir setzen unseren Weg linker Hand auf dem Pohlweg fort, den wir über die Issel hinweg nach links zugunsten des Tueshausweges wieder verlassen. Weiterhin dem roten Pfeil folgend, biegen wir am Ende des Weges rechts in den Hessenspoor ein, der uns an den **Helweg/K 50** heranführt. Diesen überqueren wir vorsichtig und halten uns immer geradeaus, bis wir zu einer Querstraße, dem Vennekenweg, gelangen. Hier sollten wir uns für rund 300 Meter auf einen kleinen Umweg nach links begeben, um langsam abwärts auf die **Isselquelle** ❽ zuzurollen

Münsterland trifft Niederrhein

und eine kleine Verschnaufpause einzulegen. Nach einem Blick auf den Quellengrund geht es auf demselben Weg zurück und in südlicher Richtung immer geradeaus direkt auf Raesfeld zu.

Kurz vor dem Ortseingang machen wir aber noch eine ausgiebige Pause im **Bauerncafé Vennekenhof ❾**. Ein schöner Garten lädt ein zu Kaffee und Kuchen oder Herzhaftem, wie dem im alten Ofen selbst gemachten Schwarzbrot mit Rübenkraut.

Weiter auf dem **Vennekenweg** fahren wir nach unserer ausgiebigen Pause auf die Ortsmitte zu. Wir stoßen auf einen Kreisverkehr und nehmen die zweite Ausfahrt in den Hoher Weg, der in eine verkehrsberuhigte Spielstraße übergeht und uns bis in das Zentrum hineinführt. An der **Weseler Straße/B 70** geht es kurz nach

Blumenlädchen Stilvoll

Auszeittour 3

Schlossromantik im Münsterland

rechts, um gleich danach diese Straße nach links zu überqueren und zugunsten der Leineweberstraße zu verlassen. Auch hier biegen wir gleich wieder nach rechts ab, um zwischen zwei Supermärkten hindurch wieder dem roten Pfeil über den Künnenkamp, der ins Freiter Pättken übergeht, zu folgen. Die sichtbar werdenden, imposanten Schlosstürme scheinen uns magisch anziehen zu wollen, sodass wir uns am Ende des Pättkens schnell nur noch einmal kurz links, dann sofort wieder rechts halten, um in die Raesfelder Freiheit zu gelangen. Wir kommen zunächst an einer vielfältigen Gastronomie, kleinen Läden und der Schlosskapelle vorbei und fahren auf den Schlossgraben zu. Wer Lust hat, kann bereits hier vom Rad steigen, durch das Tor in der Vorburg auf das herrliche Schloss zugehen oder erst einmal das Schloss auf einem inneren Ring per Pedes und auf einem äußeren Ring per Pedale umrunden.

Die Geschichte von **Schloss Raesfeld** ❿ geht bis in das 12. Jahrhundert zurück. Aus der damaligen Ritterburg wurde im 17. Jahrhundert ein Residenzschloss im Renaissancestil. Ein hünenhafter Turm gipfelt alles überragend in einer steilen, originellen Pyramide.

Münsterland trifft Niederrhein

Heute ist in der Hauptburg die Akademie des Handwerks beheimatet. Doch am Wochenende treffen wir hier mit Sicherheit mehr Brautpaare nebst Hochzeitsgästen als Studierende an.

Wir stehen auf dem Schlosshof mit Blick auf die Vorburg und wenden uns nach links, um gleich an der ersten Möglichkeit hinter dem äußeren Schlossgraben links abzubiegen. Wir folgen dem roten Pfeil in Richtung Wesel, zunächst entlang des Grabens, dann durch den **historischen Tiergarten ⓫,** der durch seine Wildwüchsigkeit und Naturnähe besticht. Links sehen wir zunächst den Weinbergteich; es schließt sich der Lange Teich an. Es folgt der kleinere Ottoteich, und zwischen zwei weiteren Teichen hindurch geht es zunächst links und sofort wieder nach rechts, um diesen malerischen Weg bis zum kleinen Mühlenteich fortzusetzen. An der Bushaltestelle Wassermühle angekommen, halten wir uns links, überqueren den Mühlenbach und biegen hinter dem Gehöft rechts dem roten Pfeil weiterhin nach Wesel folgend in den Hesfort ein. Nach so viel Wald und See können wir jetzt wieder den Blick in die Weite schweifen lassen. Der Hesfort geht in den Am Breiten Winkel und anschließend in die **Dämmerwalder Straße/K 13** über, die uns

Renaissance-Tiergarten

Auszeittour 3

an eine Kreuzung mit Stoppschild heranführt, an der wir rechts in die **Pastor-Winkelmann-Straße/L 401** und über die Brücke über die Issel auf das **Kloster Marienthal** ⓬ zufahren. Das Dorf bietet einiges an Gastronomie. Zuvor können wir Karmeliterbruder Manfred im Kloster aufsuchen, der uns gerne eine kleine Führung durch die schöne Klosterkirche gibt.

Kloster Marienthal

Daraufhin folgen wir weiterhin dem Verlauf der Pastor-Winkelmann-Straße und biegen hinter dem Ortsschild auf der Höhe der Nummern 13–15 rechts in einen philosophischen Schotterweg mit schöner Kopfweidenreihe ein, der uns zur Isselmilch-Quelle führt. Kurz hinter der Milchtankstelle geht es an der Bushaltestelle Gertendorf links in den Gertendorfer Weg und nach Überquerung der **B 70** geradeaus den Havelicher Weg weiter, um den **Gasthof Vennebauer** ⓭ an der **Borkener Straße/L 896** zu erreichen. Am heutigen Ausflugslokal wechselten früher die Fuhrleute auf der Strecke vom Rhein in Richtung Borken die Pferde. Heute werden hier Reitende auf Stahlrössern aus Omas Küche mit westfälischen Spezialitäten versorgt.

Der Klosterort Marienthal besitzt seinen ganz eigenen Charme. Das im 13. Jahrhundert erbaute Kloster beherbergt eine beachtenswerte künstlerische Ausstattung der 1920er- und 1930er-Jahre.

Nach einer letzten Pause setzen wir unsere Tour direkt auf der gegenüberliegenden Straßenseite wieder auf dem Markenweg fort, dem wir bis an die Fischteiche folgen. Unser Weg mündet links in den Melkweg, den wir schon nach rund 200 Metern nach rechts zugunsten der Stegge verlassen. Diese geht in den Kapellenweg über, der seinem Namen alle Ehre macht, denn er führt uns an der Antoniuskapelle im Nordbock vorbei nach rechts in den Langenhoffsweg hinein. Diesen nehmen wir geradeaus, über die **K26** hinweg und Zur Hohen Heide hinein. Diese hat uns

Münsterland trifft Niederrhein

spätestens an einer Kreuzung wieder, an der sternförmig sechs Wege zusammenkommen. Wir orientieren uns ab hier am Zeichen der Niederrheinroute, auf der wir wieder in die Dingdener Heide einrollen.

Wir durchfahren auf dem **Küningsweg** den Königsbusch, der hält, was er verspricht: herrlichen Baumbestand, einen Königsbach, einen Mühlenteich und ein Herrenhaus. Ebenso königlich lassen wir uns die nächste Zeit sanft abschüssig zu unserem Ausgangsort zurückrollen. Wir gelangen erneut an die **L 896,** die wir einfach links liegen lassen, indem wir den Bookermannsweg überqueren und unseren Weg Am Borken mit einer geschwungenen Rechtskurve fortsetzen. Hinter dem Friedhof und vor den ersten Wohnhäusern hat uns die Klausenhofstraße wieder, in die wir links einbiegen und auf der wir, dem Hinweg nun entgegengesetzt, zum **Bahnhof** zurückradeln.

Die Niederrhein-Route ist eine beliebte Rundtour, auf der Radler über eine Strecke von 1215 Kilometern die eindrucksvolle Flusslandschaft am „Vater Rhein" erfahren können.

Alter Ziehbrunnen

Alles auf einen Blick

Entspannung ✸✸✸✸✸
Genuss ✸✸✸✸✸
Romantik ✸✸✸✸✸

WIE & WANN:
Zu jeder Jahreszeit gut befahrbar, überwiegend asphaltiert und nahezu autofrei

HIN & WEG:
Auto: Parken am Bf Dingden (GPS: 51.769359, 6.608110)
ÖPNV: Mit der Bahn bis Bf Dingden (RB 32 Wesel–Dingden–Bocholt, Der Bocholter)

ESSEN & ENTSPANNEN:
Restaurant Zur alten Post ④ Krommerter Straße 6, 46414 Rhede,
Tel. (0 28 72) 9 27 30, www.hotel-elbers.de
Café Vennekenhof ⑨ Vennekenweg 29, 46348 Raesfeld,
Tel. (0 28 65) 4 47, www.vennekenhof.de
Gasthof Vennebauer ⑬ Borkener Straße 20, 46499 Hamminkeln,
Tel. (0 28 56) 5 35, www.vennebauer.de

ENTDECKEN & ERLEBEN:
Dingdener Heide ①
Aussichtskanzel Büngernsche Heide ②
Wasserkraftanlage Rhede-Krechting ③
Habers Mühle ⑤ Habers Mühle 4, 46414 Rhede
St. Maria Immaculata ⑥ Rhedebrügger Straße 61, 46325 Borken-Rhedebrügge
Predigt-Ulme ⑦ An der Ulme 3, 46348 Raesfeld-Homer
Isselquelle ⑧ Vennekenweg, 46348 Raesfeld
Schloss Raesfeld ⑩ Freiheit 25–27, 46348 Raesfeld, Tel. (0 28 65) 6 08 40
Historischer Tiergarten ⑪
Kloster Marienthal ⑫ An der Klosterkirche 8, 46499 Hamminkeln-Marienthal,
Tel. (0 28 56) 9 18 30, www.karmel-marienthal.de

- 40 Kilometer
- 120 Höhenmeter
- 4 Stunden
- Rundtour

Leezen am Emsauenpark

Auszeittour 4

Stadt, Land, Fluss
Sattelfest um Warendorf

Im Sattel unserer Stahlrösser beginnen wir in der Stadt des Pferdes unsere Tour auf der Südseite des Bahnhofs Warendorf in der **Zumlohstraße,** fahren nach Osten auf eine Tankstelle zu und biegen rechts in die **Freckenhorster Straße/L 547** ein, um diese nach rund 100 Metern links auf der Höhe des altehrwürdigen VHS-Gebäudes zugunsten der Wandstraße zu verlassen. Wir fahren direkt auf das Finanzamt zu, an dem wir rechts in die Düsternstraße überwechseln. Sofern wir noch nicht genug Proviant für unsere Tour gehortet haben, können wir uns noch an zwei aufeinanderfolgenden Bäckereien damit eindecken. Es geht immer geradeaus bis zur Kreisverwaltung, hinter deren letztem Gebäude wir links kurz in den Hohen Kamp einbiegen, ohne in das Wohnviertel einzufahren. Dann setzen wir unseren Weg gleich wieder rechts auf dem mit einem X gekennzeichneten, sehr einladenden Wanderpfad in südlicher Richtung fort. Augenblicklich nimmt uns die typisch westfälische Parklandschaft in Empfang, die uns im Wechsel von Weiden, Äckern und Streuobstwiesen, Bauernhöfen mit Bauerngärten und Wallhecken von nun an stetige Begleiterin sein wird.

In und um Warendorf kommt man nicht um Pferde herum. Warendorf ist nicht nur Sitz des NRW-Landesgestüts, der Deutschen Reiterlichen Vereinigung (FN), sondern auch des Deutschen Olympia-de-Komitees für Reiterei (DOKR). Zu dessen 100. Geburtstag wurden ab der Emsstraße in Richtung Emsbrücke alle reitenden Olympiasieger und Goldmedaillengewinner auf Granitplatten verewigt.

Unser Schotterweg führt uns an der nächsten Einmündung links in den Ostbezirk, den wir hinter der Hausnummer 31a nach rechts zugunsten eines schönen Feldweges verlassen, der uns zur Galerie B die II. führt. Galeristin Hedwig Sölter-Bolte hält in ihrem schmucken Bauernhaus eine umfangreiche Bildersammlung vor, die sie uns gerne auf vorherige Anfra-

Auszeittour 4

ge hin vor Augen führen möchte. Wir umfahren den Hof rechtsherum und kommen am nächsten Hof zu einer Kreuzung, an der wir rechts in den Plattenweg einbiegen, der uns nach einer Linkskurve und einem kleinen Rechts-links-Schwenk am weitläufigen Gelände eines Friedwaldes vorbeiführt. Hinter dem Parkplatz halten wir uns rechts, um uns nunmehr erstmalig den roten Pfeilen in Richtung Freckenhorst anzuvertrauen. Unser Weg führt uns auf die Kuhstraße und direkt auf das **Schloss Freckenhorst** zu. Vor dem Eisentor biegen wir rechts ab, um am Ende der Hecke links in die versteckt liegende, dafür aber umso einladender wirkende Poggenstiege einzufahren. Am Ende des Weges geht es in schärfster S-Kurve über die Kirchgasse auf den schönen Stiftshof im Herzen Freckenhorsts zu. Hier haben wir uns eine Pause im **Eiscafé Bohne** ❶, das uns auf jeden Fall „jucken" könnte, verdient, um anschließend den für diesen kleinen Flecken recht imposanten **Freckenhorster „Bauerndom"** ❷, wie er gerne im Volksmund genannt wird, zu besichtigen. Die dem Heiligen Bonifatius geweihte Kirche

Eisschleckerei

Sattelfest um Warendorf

❀ Für die Seele

Die Weite Westfalens mit Seele erfahren

Emsweitblick

wurde bereits 861 auf heidnischem Heiligtum gegründet und 1129 zu einem adligen Damenstift geweiht. Baugeschichtlich ist sie eine der bedeutendsten romanischen Kirchen Westfalens und beherbergt als große, dreischiffige Pfeilerbasilika einen prächtigen Taufbrunnen von 1129. Das weiträumige Gotteshaus lässt seit Jahrhunderten viel Raum für die westfälische Seele, die hier in ursprünglicher und zeitloser Atmosphäre Herz und Kopf in Einklang zu bringen vermag.

Wir nehmen denselben Weg zurück, biegen am Ende der Kuhstraße nach links in den **Hägerort** ein und lassen den Friedwald dieses Mal links liegen, um dem roten Pfeil bis zu einer Querstraße zu folgen, in die wir rechts in Richtung Westkirchen einbiegen. Hier tauchen wir in die Einsamkeit Westfalens ein, die uns mit ihren weitläufigen Feldern und Wiesen zu Ruhe und Besinnlichkeit einlädt. Vorbei

Landidylle mit Schloss und Dom

Sattelfest um Warendorf

an einem schönen Rastplatz fahren wir leicht abschüssig auf die **L 793** zu, die wir nach vorsichtigem Überqueren linksherum nehmen, um kurze Zeit später nach rechts auf die Bahnradtrasse der ehemaligen Eisenbahnlinie Warendorf–Ennigerloh zu wechseln. Die „Bahnlinie" führt uns auf geruhsamem Wege direkt nach Westkirchen. Hier finden wir alles, was für Westfalens Dörfer typisch ist, im Kleinen vereint: Kirche, Herrenhaus und Windmühle. Zunächst führt uns die Münsterlandstraße auf Höhe des Gasthofs Zur alten Schmiede zu einer Kreuzung, an der wir nach links abbiegen, um an der nächsten Kreuzung nach links über den Mühlenweg zur **Holländermühle ❸** zu gelangen. Diese 200 Jahre alte Mühle gehörte seinerzeit zu den modernsten ihrer Art. Aufgrund ihrer Höhe war es dem Müller nur über die angebaute Galerie möglich, die Flügel zu erreichen, um diese ausrichten oder abbremsen zu können. Immer wieder lädt der Natur- und Heimatverein zu Besichtigungen an ausgewählten Festtagen ein.

Windmühle in Westkirchen

Am Ende des Mühlenwegs gelangen wir auf die **L 793,** werfen noch einen Weit-Blick nach links auf das Herrenhaus Dieck, biegen jedoch rechts ab und gelangen am Mahnmal auf die **B 475,** in die wir nach rechts einbiegen und vorsichtig, auf den Verkehr achtend, auf die St. Laurentius-Kirche zufahren. Hinter der Kirche biegen wir nach links in die Domhoffstraße ein, um ab hier dem roten Pfeil in Richtung Beelen zu folgen. Nachdem uns unser Weg gemächlich durch einige Kurven und an Höfen vorbeigeführt hat, biegen wir in Am Schürenbrink nach rechts ab, um hinter einem Findling mit Mariendarstellung

Auszeittour 4

Café Hüftgold

Das Café Hüftgold mit eigener Pralinenmanufaktur bietet hausgemachte Torten, köstliche Pralinen und hochwertige Schokoladen. Das Haustortenstück mit Pralinenmousse, das Hüftgold, ist ein Genuss – bei gutem Wetter auf der Terrasse direkt am Bahngleis.

links in die Einmündung auf das Hohe Kreuz zuzufahren. Vor dem Holzkreuz findet sich ein einladender Rastplatz, an dem wir erst einmal wieder eine kurze, wohlverdiente Pause einlegen können, um anschließend weiterhin dem roten Pfeil zu folgen und uns auf dem **Beelener Landweg** wieder ganz von der münsterländischen Weite umfangen zu lassen. Nur Wald, Feld und einige Bildstöcke begleiten uns und lassen die Seele leer werden. Der Weg lässt uns obendrein ordentlich Kalorien verbrauchen. Doch das ändert sich schnell: Nach rund 3,5 Kilometern biegen wir hinter einem Wegekreuz links in den Hörster ein, um an der nächsten Kreuzung mit zwei Bänken nach rechts und an der schönen, im Rondell stehenden Baumgruppe vorbei weiterhin dem roten Pfeil zu folgen. Auf Höhe des Thiers Busch gelangen wir an eine Vorfahrtstraße, die **Ostenfelder Straße/K 2**, mit der wir nach links in den Kreisverkehr einfahren. Hier nehmen wir die erste Ausfahrt rechts und die **L 831** in den Ort hinein, um gleich hinter dem Bahnübergang rechts über die Gartenstraße zum Bahnhof und zum **Café Hüftgold** ❹ zu fahren. Hier können wir uns eine Auszeit zum Genießen nehmen.

Pättkestouren

Auszeittour 4

Zeitweise parallel zu unserer Tour verläuft der EmsAuenWeg von Warendorf nach Rheine, der auf 110 Kilometern Weg 85 Kilometer Ems begleitet und mit zahlreichen landschaftlichen, archäologischen und kulturhistorischen Sehenswürdigkeiten aufwarten kann.

Gut gestärkt und unsere Tour schon jetzt versüßt begeben wir uns auf demselben Weg kurz zurück zur **Westkirchener Straße/L 831,** in die wir rechts einbiegen. Nach Überqueren der **B 64** setzen wir geradeaus unseren Weg auf der Neumühlenstraße bis kurz hinter die Brücke des Axtbaches fort und biegen unmittelbar rechts in den Uferweg ein. Hier passieren wir in idyllischer Dorfparkatmosphäre einen Ententeich, um auf Höhe der Brücke und hinter dem überdachten Fahrradstand links in einen Weg einzubiegen, der uns durch die Schulanlage hindurch direkt auf die Gaffelstadt bringt. Diese Straße geht nach einiger Zeit in den Thier über und führt uns, jetzt auch wieder mit einem roten Pfeil folgend, auf eine Querstraße, in die wir links in den Landhagen einbiegen. Dieser führt uns zur nächsten Querstraße, der Neumühlenstraße, die wir rechtsherum nehmen, um nun durch eine herrliche Flusslandschaft mit dem roten Pfeil auf die Ems zuzufahren. Hier gönnen wir uns von der Brücke aus einen weiten Blick in die herrliche Umgebung, um gleich danach an einem Gehöft links in den Warendorfer Landweg einzubiegen. Diesem folgen wir rund 6,5 Kilometer nahezu immer geradeaus durch eine wunderschöne **Auenlandschaft** ❺ parallel zur Ems, die immer wieder zum Verweilen einlädt.

Wir überqueren die **K 18** geradeaus; kurz nachdem von rechts der Dackmar auf unseren Landweg gestoßen ist und bevor unser Landweg in eine Kurve übergehen will, biegen wir links in einen Waldweg ein, der uns, dem roten Pfeil nach Warendorf folgend, direkt wieder an die Ems heranführt. Die Auenlandschaft gibt hier ihr Bestes, und die Ems liegt uns zu Füßen. Am Ufer angelangt, biegen wir rechts ab und können nun ganz entspannt und seelenruhig immer parallel zum Fluss durch den **Emsseepark** ❻ mit Kurbadatmosphäre bis in die Innenstadt hineinrollen. Dazu folgen wir weiterhin dem roten Pfeil, um in Zentrumsnähe Zwischen den Emsbrücken noch einmal links abzubiegen, erneut die Ems zu überqueren

Sattelfest um Warendorf

Marktplatz in Warendorf

und über die Emsstraße auf den wunderschönen **Marktplatz** ❼ zu gelangen. Die historische Altstadt an sich ist schon sehenswert genug. Auf einen Blick in die **St. Laurentius-Kirche** ❽ mit der viel verehrten Schwarzen Madonna sollten wir jedoch keinesfalls verzichten, da vor allem Maria der Stadt ein Stück Seele gegeben hat.

Über den Krickmarkt oder Im Ort und die Freckenhorster Straße kommen wir in Kürze zum Bahnhof und Ausgangspunkt zurück.

Zum Festtag Mariä Himmelfahrt ist Warendorf mit vielen Rosenbögen geschmückt. Am Samstag nach dem 15. August und nach Einbruch der Dunkelheit wird die Innenstadt durch kugelförmige Lampions in ein stimmungsvolles Licht getaucht.

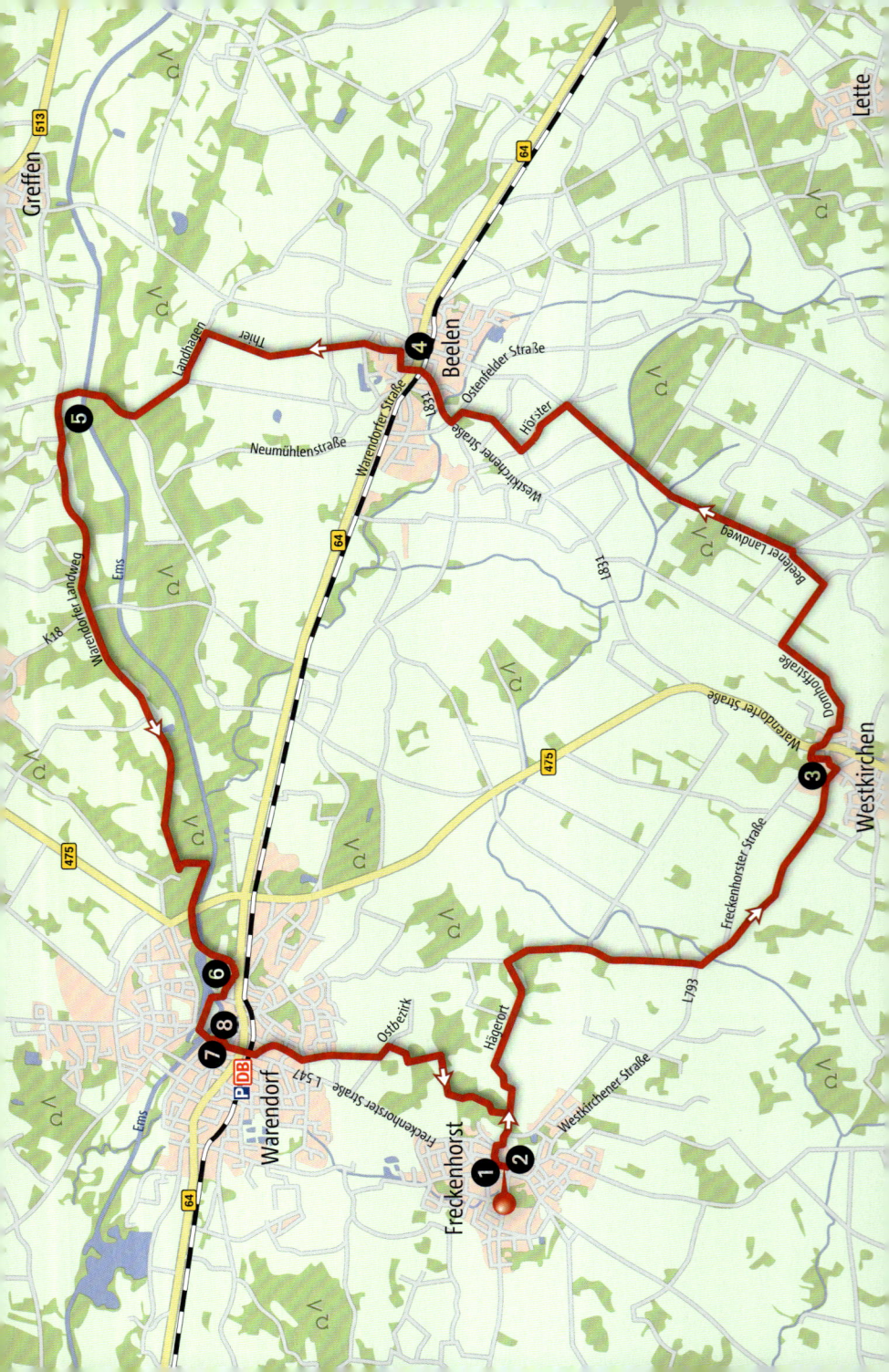

Alles auf einen Blick

Entspannung ✹✹✹✹✹
Genuss ✹✹✹✹✹
Romantik ✹✹✹✹✹

WIE & WANN:
Überwiegend asphaltiert, nahezu kein Autoverkehr,
bei starkem Nordwind beschwerlich, ganzjährig befahrbar

HIN & WEG:
Auto: Parken am Bf Warendorf (GPS: 51.950649, 7.982578)
ÖPNV: Mit der Bahn bis Bf Warendorf (RB 67 Münster–Warendorf–Bielefeld, Der Warendorfer)
Fahrradverleih: Radstation Bf Warendorf, Bahnhofstraße 11,
48231 Warendorf, Tel. (0 25 81) 7 89 97 70

ESSEN & ENTSPANNEN:
Eiscafé Bohne ❶ Stiftsmarkt 4, 48231 Warendorf, Tel. (0 25 81) 7 87 88 83
Café Hüftgold ❹ Bahnhofstraße 3, 48361 Beelen,
Tel. (0 25 86) 8 82 83 58, www.dein-hueftgold.de

ENTDECKEN & ERLEBEN:
Stiftskirche und „Bauerndom" St. Bonifatius ❷ Stiftshof 2,
48231 Warendorf, Tel. (0 25 81) 98 00 77
Holländermühle ❸ Mühlenweg, 59320 Ennigerloh-Westkirchen
Emsauenlandschaft ❺
Emsseepark ❻ Warendorf
Marktplatz Warendorf ❼
St. Laurentius-Kirche ❽ Kirchstraße, 48321 Warendorf

Auszeittour 5

Weites Land
Über Strombergs Burgrand schauen

Wir starten mit dem Rücken zum Bahnhof, halten uns leicht rechts und nehmen die **Bahnhofstraße** in die Stadtmitte hinein. Dabei fahren wir auf den schönen, gotischen Kirchturm der St. Johanniskirche zu, passieren Kirche und Marktplatz nach halb links und nehmen Fahrt in Richtung des Backsteinkirchturms der evangelischen Stadtkirche und des Vier-Jahreszeiten-Parks auf. Am Brunnen vor dem Stromberger Tor gelangen wir zur Konrad-Adenauer-Allee, die wir nach rechts bis zur Ampel und der **Stromberger Straße/L 792** nehmen. Ab hier orientieren wir uns am roten Pfeil in Richtung Stromberg, der uns zunächst über die Allee geleitet, um schon nach wenigen Metern vor der Axtbach-Brücke die Stromberger Straße/L 792 nach links zu überqueren. Schon sind wir dem quirligen Stadtverkehr entronnen, indem wir über den uns Radfahrern und Fußgängern vorbehaltenen Blütenzauberpfad in den **Vier-Jahreszeiten-Park** ❶ einrollen. Sofort nimmt uns eine Kleingartenidylle gefangen, die durch ihre Großzügigkeit an Raum und Stille gekennzeichnet ist.

Am Ende des Parks halten wir uns leicht rechts, um wieder auf asphaltiertem Wege zum Eingangsbereich des Thomas-Morus-Gymnasiums zu gelangen, auf dessen Höhe wir nach rechts in die Goethestraße einbiegen. Am Ende der Straße halten wir uns wieder links und gelangen mit der **L 792** vorbei an einer knorrigen Hainbuche mit Gebetshäuschen über die **A 2** hinweg an einen Parkplatz, an dem wir nach rechts in den Wald einfahren. Immer sanft ansteigend setzen wir unseren Weg die kleine Höhe erklimmend fort, kreu-

Im Zuge der Landesgartenschau 2001 wurde das Axtbach-Areal abwechslungsreich begrünt und zauberhaft bepflanzt und hat bis heute seine gelungene Fortsetzung im Vier-Jahreszeiten-Park gefunden.

Auszeittour 5

Die Stromberger Pflaume ist eine kleine, mildaromatische Zwetschgensorte. Aufgrund des hohen Zuckergehalts eignet sie sich auch gut zum Schnapsbrennen. Ihr Name ist als Ursprungsbezeichnung seit 2013 durch die Europäische Union geschützt.

zen einen asphaltierten Weg und fahren ab hier vorsichtig bergab über eine Holzbrücke, um nach einer scharfen Linkskurve in den Garten eines Gasthofes zu gelangen, an dessen Ausgang wir auf Höhe der Bushaltestelle Waldeslust wieder die L 792 erreichen. Mit einem Rechts-links-Schwenker überqueren wir diese, folgen dem roten Pfeil und fahren in einen Schotterweg ein, der uns nach rund 300 Metern nach rechts abbiegen lässt und an eine Asphaltstraße heranführt. In diese biegen wir nach links ein und erblicken wenig später die reiche Pflaumenwelt Strombergs. Vor allem zur Obstblüte im Frühjahr, aber auch im September sind die Pflaumenplantagen ein Muss.

Rund 150 Meter vor einem Pflaumenhof halten wir uns rechts und folgen dem roten Pfeil die Pflaumenbaumfelder entlang in den Ort hinein. Hier orientieren wir uns an der Beschilderung zur Wallfahrtskirche, gelangen auf die **Münsterstraße/L 586** und fahren direkt auf

Vier-Jahreszeiten-Park

Über Strombergs Burgrand schauen

🌸 Für die Seele
Wir versetzen unsere Seele in einen Höhenflug.

den Paulusturm zu, durch dessen Tor wir auf den schönen Burghof und zur **Kreuzkirche** ❷ gelangen.

Es empfiehlt sich zunächst ein Besuch der hochgotischen Wallfahrtskirche aus dem 14. Jahrhundert, die ein romanisches Heiliges Kreuz beherbergt, das seit Jahrhunderten ein Ziel vieler Pilger ist.

Danach wenden wir uns der Aussichtsplattform zu, die uns einen herrlichen, erhebenden Ausblick in das Stromberger Hinterland bis zu den Ausläufern des Sauerlandes bietet. Die vor uns liegende Weite scheint unserer Seele geradezu Flügel verleihen zu wollen. Anschließend können wir uns noch vom Charme des einladenden, gut erhaltenen Burgensembles umfangen lassen.

Nachdem wir uns sattgesehen haben, können wir uns nun auch das erste Mal satt essen. Dazu fahren wir zurück durch das Paulustor, um kurz danach nach rechts in Richtung Lambertuskirche abzubiegen. Wenn die Daudenstraße nach wenigen Metern in eine Rechtskurve übergeht, heißt es: Halt! Gegenüber befinden sich das **Café Heinrichs und Buby's Eismanufaktur** ❸, wo uns nach so viel Steigung und Sightseeing Bäckermeister Karl-Heinz Teeke zu selbst gemachtem Pflaumenkuchen oder Pflaumeneis einlädt. Das köstliche Speiseeis wird täglich frisch hergestellt. Nahezu 60 Eissorten umfasst das umfangreiche Sortiment.

Nach ausgiebiger Stärkung geht es über die **Daudenstraße/K 14** und dem roten Pfeil in Richtung Wadersloh folgend jetzt im flotten Tempo bergab. Vorsicht ist in der scharfen Rechtskurve geboten, denn unmittelbar

Das Stromberger Kreuz wurde schon dreimal gestohlen, zerschlagen, die einzelnen Stücke verstreut und versteckt. Und dreimal wurde das Kreuz wiedergefunden, zusammengefügt und an seinen Ort in der Kirche zurückgebracht.

Auszeittour 5

danach geht es auf Höhe des Friedhofs links zur urwüchsigen Lambertuskirche aus dem 13. Jahrhundert und an einer Brennerei vorbei, um an der nächsten Einmündung erneut nach links in den Rousendorpweg abzubiegen. Dieser mündet auf eine Querstraße, der wir linksherum auf Im Rousendorp folgen. Durch Wald und Feld lassen wir es nach der rasanten Abfahrt erst einmal wieder geruhsamer angehen. In der kleinen Siedlung, die wie aus dem Nichts zu kommen scheint, biegen wir hinter der Bushaltestelle Im Rousendorp rechts ab, folgen weiterhin dem roten Pfeil in Richtung Wadersloh und können uns eine kleine Verschnaufpause am schönen Rastplatz in Bröcker gönnen. Gönnen sollten wir uns auch einen kurzen Stopp auf Höhe der Haltestelle Wappelhorst, um einen „Schulterblick" mit Wohlgefühl zurück auf den Burgberg in Stromberg zu werfen. Weiter geht es durch herrliche südmünsterländische Landschaft. Wenn wir eine Stromüberlandleitung unterquert haben und eine Gehöftansammlung erreichen, heißt es aufgepasst: Hier biegen wir nach rechts in den Königsbusch ab, um diesen nach

Wallfahrtskirche Stromberg

Über Strombergs Burgrand schauen

Jüdischer Friedhof Wadersloh

rund 600 Metern auf Höhe der Hausnummer 5 nach links zugunsten eines schönen, mit der **Wandermarkierung X** versehenen Pättkens zu verlassen. Der Weg führt uns direkt zum **Jüdischen Friedhof ❹**, der mit seinem Ensemble aus alten Bäumen und 26 eindrucksvollen Grabsteinen an die geschundenen Seelen der Vergangenheit erinnert, gleichzeitig aber auch eine fried- und hoffnungsvolle Atmosphäre ausstrahlt.

Wir setzen unsere Tour auf dem **Julius-Silberberg-Weg** geradeaus fort, um auf Höhe der ersten Häuser Ausschau nach einem grünen Gartenzaun zu halten, vor dem wir links in einen kleinen Durchgang einbiegen und in den Wendehammer eines Wohngebietes gelangen. Am Ende des Weges kommen wir zur Hölzernen Straße, in die wir rechtsherum einfahren, um an deren Ende zur **K14** zu gelangen. In diese biegen wir nach links ein, um sie unmittelbar nach rechts zugunsten des Freudenbergs zu verlassen und auf die St. Margareta-Kirche zuzufahren. Hier böte sich rund um die Kirche ein Päuschen an, bevor es, nun dem ro-

Auszeittour 5

Femeiche

ten Pfeil nach Diestedde folgend, weitergeht. Am Kreisverkehr nehmen wir die erste Ausfahrt und gelangen nach wenigen Metern über die Mühlenfeldstraße wieder in die freie, weite Natur. Wir erreichen die Winkelstraße, in die wir links einbiegen und die uns über den Mühlenbach hinweg an die weiträumige Anlage um **Schloss Crassenstein** ❺ heranführt. Zunächst nimmt uns die Gräfte in Empfang, hinter der Bushaltestelle können wir einen ersten Blick auf das Schloss werfen, das im 16. Jahrhundert erbaut und im 19. Jahrhundert klassizistisch umgestaltet wurde.

Der zweite Schlossblick wartet auf uns. Dazu setzen wir unseren Weg nur wenige Meter geradeaus bis an die **L 793** heran fort, biegen zunächst in Richtung Sünninghausen in den straßenbegleitenden Radweg ein und gelangen zu der mit einem grünen Geländer versehenen Mühlenbachbrücke, vor der wir unmittelbar nach rechts in den kleinen Waldpfad einbiegen. Nach wenigen Metern empfängt uns ein kleiner Skulpturenpark: Auf Höhe der 900 Jahre alten Femeiche erblicken wir die Rückfront des Schlosses, und

Über Strombergs Burgrand schauen

an der Skulptur „Tuchfühlung" zweigt ein kleiner Weg nach rechts zur hübschen Mühle ab. Nach unseren Zwischenstopps gelangen wir am Ende des Parks auf Höhe einer Brücke an eine Asphaltstraße, in die wir links einbiegen und ihr leicht ansteigend folgen. Links erblicken wir ein schönes, weißes Heiligenhäuschen mit Krippendarstellung. Hinter dem nächsten Heiligenhäuschen erreichen wir einen Hof und Wirtschaftsgebäude mit Sonnenkollektoren, an dem wir links in den linker Hand mit einer Baumreihe gesäumten Feldweg einbiegen. Bei nächster Gelegenheit wenden wir uns nach rechts und anschließend nochmals links, um auf Höhe der Bushaltestelle Hahne erneut die L 793 zu erreichen. Hier biegen wir rechts ab, um kurz vor den ersten Häusern von Sünninghausen links in den Buchenweg einzufahren. Nach rechts erhaschen wir einen Blick auf den Kirchturm von St. Vitus, auf den wir direkt zufahren, indem wir auf Höhe eines Landtechnikhändlers nach rechts abbiegen. Am Ende des Kirchplatzes wenden wir uns nach links und

Weitblicke zum Genießen

Auszeittour 5

gelangen auf der **Dorfstraße/K 23** nach rund 200 Metern rechter Hand auf den parallel verlaufenden schmalen Schotterweg, der uns kurz darauf zu unserem nächsten Rasthof, dem **Reinkenhoff`s Café ❻,** bringt.

Auf diesem ältesten Hof von Sünninghausen wird bereits seit 1200 Jahren Landwirtschaft betrieben. Heute kann man hier Süßes und Herzhaftes im angeschlossenen Café mit Gartenterrasse genießen.

Nach ausgiebiger Pause setzen wir unseren Weg parallel zur **K 23** auf dem Schotterweg fort, um an dessen Ende an der nächsten Kreuzung nach rechts in Am Mackenberg einzubiegen. Gemächlich geht es – mit gelegentlichen Panoramablicken – geradeaus weiter. An der **L 586** wenden wir uns nach links, um kurze Zeit später die Landstraße zu überqueren und nach rechts in die Wehrbeckstraße einzubiegen. Diese geleitet uns über den uns bereits vertrauten Axtbach hinweg in einem großzügigen, geschwungenen Rechtsbogen zur **L 793,** die wir vorsichtig nach links hin überqueren, um parallel zur Landstraße auf die **A 2** zuzufahren. Nachdem wir die A 2 unterfahren haben, nehmen wir am nachfolgenden Kreisverkehr die erste

Reinkenhoffs Café

Über Strombergs Burgrand schauen

Stromberger Kirchberg

Ausfahrt nach rechts, um kurz darauf, dem roten Pfeil folgend, vorbei an Oeldes bekanntester Brauerei und auf Höhe der Fußgängerampel wieder nach rechts zum uns bereits geläufigen Vier-Jahreszeiten-Park abzubiegen.

Hier geht es zunächst am Auensee entlang, an Ochsenwiese und Lehrbienenstand vorbei zum Mühlensee mit der Museninsel. Auf Höhe der Insel führt uns der Pfeil nach links vom Park weg zur uns bereits bekannten Konrad-Adenauer-Allee, der wir rechts herum in Richtung Innenstadt folgen. Hinter der Bushaltestelle Sommers Wiese überqueren wir die Allee nach links, um über das Stromberger Tor den uns vertrauten Hinweg wieder zurück zum Bahnhof zu nehmen. Vorab empfiehlt sich ein letzter Stopp am **Marktplatz 7**. Hier lädt uns nochmals eine vielfältige Gastronomie ein, unsere Tour Revue passieren und unsere Seelenhighlights nachwirken zu lassen. Nach einem Blick in die sehenswerte St. Johanneskirche ist es bis zum Bahnhof nicht mehr weit.

Das Münsterland verfügt in Oelde, Münster oder Havixbeck über namhafte Brauereien, die sich nicht nur regional größter Beliebtheit erfreuen. Der leicht-süffige Geschmack des hellen Bieres ist eine gelungene Ergänzung zu den herzhaften westfälischen Speisen.

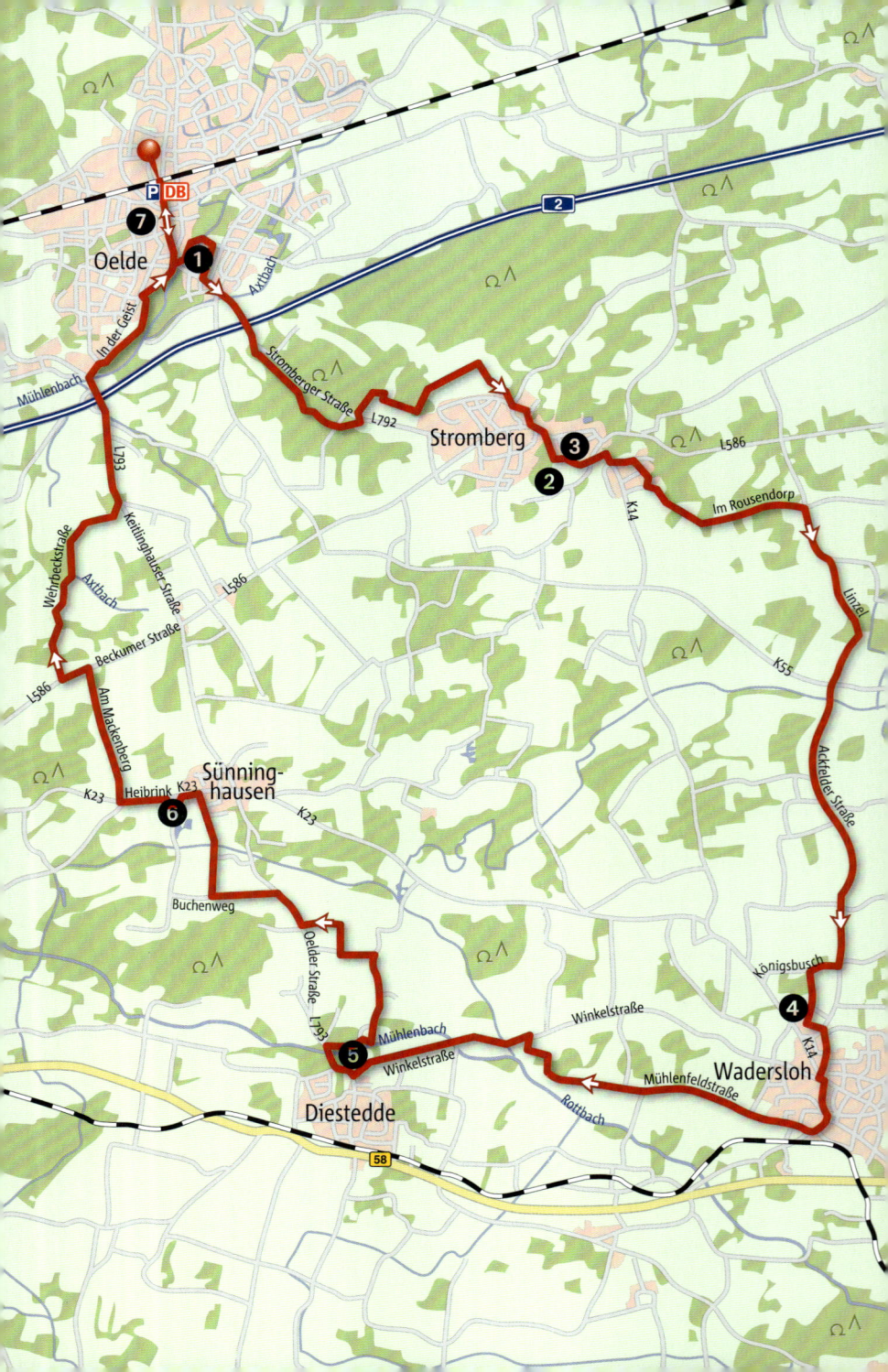

Alles auf einen Blick

Entspannung ✲✲✲✲✲
Genuss ✲✲✲✲✲
Romantik ✲✲✲✲✲

WIE & WANN:
Überwiegend Asphalt, sanfte Steigungen und seichte Abfahrten (Ausnahme: Steile Abfahrt in Stromberg), ganzjährig befahrbar

HIN & WEG:
Auto: Parken am Parkplatz Wallstraße (GPS: 51.827705, 8. 139361)
ÖPNV: Mit der Bahn bis Bf Oelde (RE 6 Köln–Oelde–Minden, Rhein-Weser-Express; RB 69 Münster–Hamm–Oelde–Bielefeld, Ems-Börde-Bahn)

ESSEN & ENTSPANNEN:
Café Heinrichs und Buby's Eismanufaktur ❸ Daudenstraße 7, 59302 Oelde-Stromberg, Tel. (0 25 29) 9 49 88 50, www.cafe-teeke.de/heinrichs
Reinkenhoff´s Café ❻ Heibrink 3, 59302 Oelde-Sünninghausen, Tel. (0 25 20) 16 70, www.reinkenhoff.de

ENTDECKEN & ERLEBEN:
Vier-Jahreszeiten-Park ❶ Konrad-Adenauer-Allee 20, 59302 Oelde, Tel. (0 25 22) 7 28 20, www.vier-jahreszeiten-park.de
Burghof und Kreuzkirche ❷ Oelde-Stromberg
Jüdischer Friedhof Wadersloh ❹ Kirckstiege, 59329 Wadersloh
Schloss Crassenstein ❺ Am Schloss, 59329 Wadersloh-Diestedde

- ❋ 40 Kilometer
- ❋ 160 Höhenmeter
- ❋ 5 Stunden
- ❋ Rundtour

Entschleunigungstour 6

Mit dem Rücken zum Bahnhofsgebäude nehmen wir die Bahnhofstraße nach links, um schon nach wenigen Metern rechts in Am Bahnbusch einzubiegen. An der Ahauser Straße/B 474 wechseln wir achtsam die Straßenseite und wenden uns kurz nach links, bis uns nach rund 100 Metern rechts die für Autos versperrte

Blütenzauber
Im Hamaland

Zufahrt Am Baum aufnimmt. Dieser Straße folgen wir geradeaus an einer einladenden Sitzgruppe unter Bäumen vorbei, bis wir hinter dem Legdener Mühlenbach und an der Reithalle vorbei auf den großen Parkplatz des Dorfes Münsterland stoßen. An der Querstraße biegen wir rechts ab, folgen unbeirrt dem roten Radwegpfeil und lassen Dorf und Parkplätze einfach rechts liegen. Die nachfolgende L 574 überqueren wir vorsichtig geradeaus, orientieren uns ab jetzt ausschließlich am roten Pfeil in Richtung Asbeck und fahren mit einer Linkskurve gemütlich leicht bergab auf das ehemalige Naturschutzgebiet Steinkuhle zu. An der Kreuzung auf Höhe einer Gärtnerei halten wir uns rechts, um an der nächsten Einmündung nach links abzubiegen. An einer Waldbienennistwand vorbei und durch feinen Wald und schöne Flur gelangen wir auf Höhe eines Sportplatzes an den Ahauser Damm/K 61. In diesen biegen wir rechts ein und erblicken unser erstes Highlight: Das mit Gold prämierte Dorf Asbeck ❶. Wenn wir nach links über den Wiesengrund und wieder rechts über die Stiftsstraße in den Ort einfahren, dürfen auch wir uns an unserem ersten

Altes Wohnhaus der Äbtissin

Im Hamaland

Etappenziel wie goldige Sieger fühlen. Gleich kommen die ersten Fachwerkhäuser und die ehemalige Vogtei mit der weiß-roten, denkmalgeschützten Zapfsäule. Vor der Dorfbesichtigung bietet sich das Gasthaus **Der Grieche unter den Linden** ❷ für eine Stärkung an.

Danach werfen wir einen kurzen Blick in die Stiftskirche St. Margareta, setzen wie die Nonnen vor Jahr-

 Für die Seele

Für dich soll`s Rosen und Dahlien regnen.

hunderten unseren Weg durch den romanischen Kreuzgang ins Dormitorium und das Stiftsmuseum fort, um anschließend zurück und rechts an der Kirche vorbei ins ehemalige Äbtissinnenhaus zu gelangen. Heute betreibt hier die Familie van Wüllen das einladende Geschäft Im Kreuzgang für Geschenkartikel und Wohnideen.

Nach so viel Genuss und Kultur geht es wieder in die Natur. Dazu begeben wir uns, die gelbe Telefonzelle „unter den Linden" vor Augen, nach rechts und überqueren den Asbecker Mühlenbach, der uns einen schönen Blick auf die alte Stiftsmühle gewährt. An der **Heeker Straße/K 32** halten wir uns links, um nach rund 200 Metern in den Lindenweg einzubiegen. An seinem Ende wartet auf uns ein tausendjähriges Naturdenkmal, die **Dicke Linde** ❸. Unter diesem eindrucksvollen Baum wurde vor Zeiten getanzt, gelacht und getrunken. Anschließend nehmen wir den Lindenweg nach links, um auf den straßenbegleitenden Radweg der baumge-

Entschleunigungstour 6

Die 33 Kilometer lange Kunst- und Kulturroute verbindet moderne und historische Kunst und zeigt, wie sich Kunst früher und heute, eingebettet in die schöne münsterländische Parklandschaft rund um die Vechte, in wechselseitiger Weise präsentieren lässt.

säumten **Schöppinger Straße/K 61** einzubiegen, die wir schon an der nächsten Wegabzweigung an einem Schandpfahl geradeaus und mit dem roten Pfeil in Richtung Schöppingen verlassen. Zwischen Feldern und Höfen hindurch gelangen wir auf eine Querstraße, biegen hier rechts ab und lassen uns an der nächsten Kreuzung von der Kunstroute in Empfang nehmen.

Dieser folgen wir mit dem roten Pfeil in Richtung Horstmar nach rechts, überqueren hinter den Windrädern geradeaus die **K 28** in den Heven, Balkenweg hinein und folgen konsequent ihrer grün-weißen Beschilderung bis zu unserem nächsten Ziel, dem **Wallfahrtsort Eggerode.** Wie auf einem für Pilger geschaffenen Weg geht es zwischen Schatten spendenden Bäumen hindurch zunächst leicht bergab, bis uns das Kunstroutenschild zum Abbiegen in den **Heven 93/28b** nach links auffordert. Weiter geht es entspannt bergab rollend mit einem imposanten Blick auf die Schöppinger Berge geradeaus, bis uns die Beschilderung zum Abbremsen und Abbiegen nach rechts gemahnt, um

nach einer scharfen Linkskurve vorbei an pittoresken, baumbestandenen Höfen an die **L 582** zu gelangen. Hier nehmen wir den geschotterten Radweg nach links, der uns wenig später zum Straßenwechsel auffordert, um vor dem Feuerlöschteich mit einer Rechtskurve auf Höhe der Haltestelle Hevener Weg die **K 37** zu überqueren und weiterhin der Kunstroute zu folgen. Am Ortseingang vertrauen wir uns dem roten Pfeil an, der uns nach links über den Nosterkamp und nach rechts den Worthweg auf die Vechtestraße zuführt. Hier halten wir uns rechts, um gleich links über die Gildenstraße in den Ortskern zu gelangen. Nun ist erst einmal „Eiszeit" angesagt. Im gleichna-

Im Hamaland

migen **Café** ❹ kühlt und verwöhnt uns Lea Schmalbach mit ihren saisonalen Eisspezialitäten aus Naturprodukten nach alter, italienischer Rezeptur.

Anschließend können wir auf den Spuren der Wallfahrer zunächst die Madonna mit Kind in der eindrucksvollen **Wallfahrtskapelle Eggerode** ❺ aufsuchen und noch einen kurzen Blick in die Kirche St. Mariä Geburt werfen.

Wir folgen der Gildenstraße bis zu den Vechte-Steinen, einem Objekt der Kulturroute, biegen zunächst links in den Hagen ein, um gleich darauf rechts in die Kirchspiel Schützenstraße einzufahren. Hier gibt uns zunächst der schön gestaltete Kreuzweg Geleit. Nach einer Rechtskurve und auf Höhe eines Sportplatzes biegen wir unmittelbar vor der **K 62** nach links ab und folgen der Vechteroute, bis wir an den Mühlenbach kommen. Geradeaus über die kleine Holzbrücke gelangen wir in den idyllischen **Wald bei Haus Burlo** ❻. Von dem ehemaligen Kloster sind noch

Alljährlich kommen rund 80.000 Wallfahrer nach Eggerode. Das byzantinische Madonnenbild in der Gnadenkapelle hat vermutlich ein adelig-westfälischer Kreuzfahrer im 12./13. Jahrhundert aus dem Orient mitgebracht.

Wald bei Haus Burlo

Entschleunigungstour 6

die alte Wassermühle und das Brauhaus erhalten. Wir folgen dem mit der **Wandermarkierung X** gekennzeichneten Weg und begeben uns gleich hinter dem Bauernhof nach rechts auf „Paoters Pättken", auf dem wir wie ehemals die Mönche durch einen idyllischen Waldabschnitt in Richtung Darfeld wandeln können. Unser Pfad führt uns mit der **Markierung X12** auf einen querenden Waldweg, mit dem wir nach rechts an die **K37** gelangen. Dieser folgen wir nach links bis zur **K36**, die uns rechtsherum über die **L555** hinweg Up de Rieth und als Eggeroder Straße bis in den Ort hineinführt. Wir erblicken den Kirchturm der St. Nikolaus-Kirche, in der wir die schöne Strahlenkranzmadonna unter der fein bemalten Kastendecke anschauen können. Oder wir folgen unmittelbar noch vor dem Nikolausplatz nach links der Pfarrer-Wiedenbrück-Straße, die uns nach einer Rechtskurve zur Hauptstraße bringt. Auf der anderen Straßenseite folgen wir der Beschilderung **Bahnhof Darfeld** ❼ und fahren geradewegs auf das alte Sta-

Schloss Darfeld

Im Hamaland

tionsgebäude zu. Der Heimatverein betreibt hier ein Café und hält für unsere heiß gefahrenen Sohlen ein Wassertretbecken im Generationenpark vor.

Nach unserer Pause fahren wir ein kurzes Stück den Bahnradweg entlang in Richtung Coesfeld bis zur **L 580.** Links in der Baumgruppe liegt versteckt die Vechtequelle. An der Landstraße verlassen wir den Bahnradweg nach rechts, um unmittelbar danach links in den Mohnweg einzufahren, der uns zum **Schloss Darfeld 8** geleitet. Schon nach kurzer Zeit taucht hinter Bäumen die Schlosskapelle dieses Juwels westfälischer Baukunst auf. Über den Hausteich hinweg fällt unser zweiter Blick dann auf den zweiflügeligen Galeriebau von 1781 im Renaissancestil, der dem Wasserschloss geradezu einen südländischen Zauber verleiht. Die Westseite zeichnet die neuromanische Kapelle von 1873 aus.

Anschließend folgen wir dem roten Pfeil in Richtung und bis nach Osterwick. Zunächst geht es am Torhaus vorbei und den Schlossgraben entlang durch den bewaldeten Tiergarten hindurch. Wenn das Gehölz den Blick freigibt, halten wir uns links, fahren am linken Waldrand entlang und biegen an seinem Ende auf Höhe eines Gehöfts nach rechts ab, um zur **K 36** zu gelangen. In diese biegen wir links ein und folgen ihr bis zur Bushaltestelle Beulker. Hier wenden wir uns nach rechts und fahren direkt auf die Einmündung mit Baum und Bank zu. Diese lädt uns zum Verweilen ein. Sollte der Platz besetzt sein, bieten sich noch schönere Sitzgelegenheiten an, wenn wir hier rechts zum Hof Krechting abbiegen. Sollten wir jedoch einen Schattenplatz benötigen, fahren wir noch ein kleines Stück weiter. Rechter Hand findet sich das Rosendahler Kreuz, das am Ursprungsort des

Entschleunigungstour 6

ehemaligen Trappistenklosters von schönem Baumbestand umgeben ist. Wir folgen der Straße noch ein kurzes Stück geradeaus und kommen zur L 555, die wir vorsichtig geradeaus überqueren, um unmittelbar nach einer Linkskurve auf Höhe eines Wanderpark-

Rosenträume

Bei Familie Dahlke sind 650 Rosen, davon 250 englische, zu bewundern. Die Rosengärtnerei öffnet nicht nur zum alljährlichen Rosenfest im Juni ihre Tore, auch während der Öffnungszeiten ist der schöne Rosengarten jederzeit zugänglich.

platzes nach rechts abzubiegen. An der nächsten Einmündung biegen wir links ab, passieren einen gemauerten Marienbildstock und fahren immer geradeaus über die Schöppinger Straße direkt auf unser nächstes Etappenziel in Osterwick, den Rosengarten des **Rosenzentrums Westmünsterland** ❾, zu. Hier können wir uns bei Kaffee und Kuchen im hauseigenen **Café The Gardener** ❿ noch einmal stärken, bevor wir uns den wunderbaren Rosen zuwenden.

Anschließend setzen wir unseren Weg in Fahrtrichtung fort und biegen nach rechts in die **Von-Galen-Straße** ein. An der Kreuzung mit zwei Bänken kurz vor

Im Hamaland

dem Ortsausgang biegen wir nach links ab, um am Friedhof vorbei zu einer Querstraße mit weißem Haus und Nr. 9 zu gelangen, der wir rechts herum folgen. Die Straße ist links mit Häusern, rechts mit Apfelbäumen gesäumt, die im Frühjahr zur Blüte und im Herbst zur Ernte ihre volle Pracht entfalten. Leicht ansteigend und abfallend folgen wir unserem Weg bis zum Stoppschild an der K33. Wir halten uns links, fahren bis zum Kreisverkehr, durchfahren diesen, um unmittelbar hinter der Bushaltestelle Abzweig Legden die K 33 nach links zu verlassen. Nach den vielen Sinneseindrücken für Nase und Augen können wir jetzt auch unsere Seele langsam, aber beständig langsam abwärts rollend nachkommen lassen.

Dahliengarten

Windräder begleiten ab hier unseren Weg. Nach einer scharfen Rechtskurve und hinter dem letzten Windrad biegen wir an der Kreuzung links ab, um uns nach einer langen Gerade an der vorfahrtberechtigten Querstraße rechts zu halten. An der nächsten Querstraße am Ende des Waldstücks biegen wir erneut links ab und gelangen über den Haulingort in Richtung des Gasthofs Ostermann an eine Schutzhütte, die vom gleichnamigen Schützenverein errichtet wurde. Wir folgen dem Rad- und Fußweg über die L 574 hinweg und am türkisfarbenen Willkommensschild vorbei geradeaus bis in die Ortsmitte und zur St. Brigidas-Kirche. An dem schönen, kleinen Fachwerkhaus mit der Touristinformation stellen wir unser Fahrrad ab, nehmen den Fußweg an der Kirche vorbei zum Dahliengarten ⓫.

Wenn wir uns sattgesehen und die Nase voller Blütenduft haben, wenden wir uns am Gasthof nach links und gelangen mit dem roten Pfeil in Richtung Bahnhof über die Hauptstraße, nach rechts über die Ahauser Straße/B 474 und auf Höhe des Friedhofs nach links über die Bahnhofstraße zu unserem Ausgangspunkt zurück.

Im Dahliengarten können wir zwischen Mitte Juli und Mitte Oktober in einem regelrechten Blütenmeer die ganze Farbenpracht von rund 160 Dahliensorten bewundern.

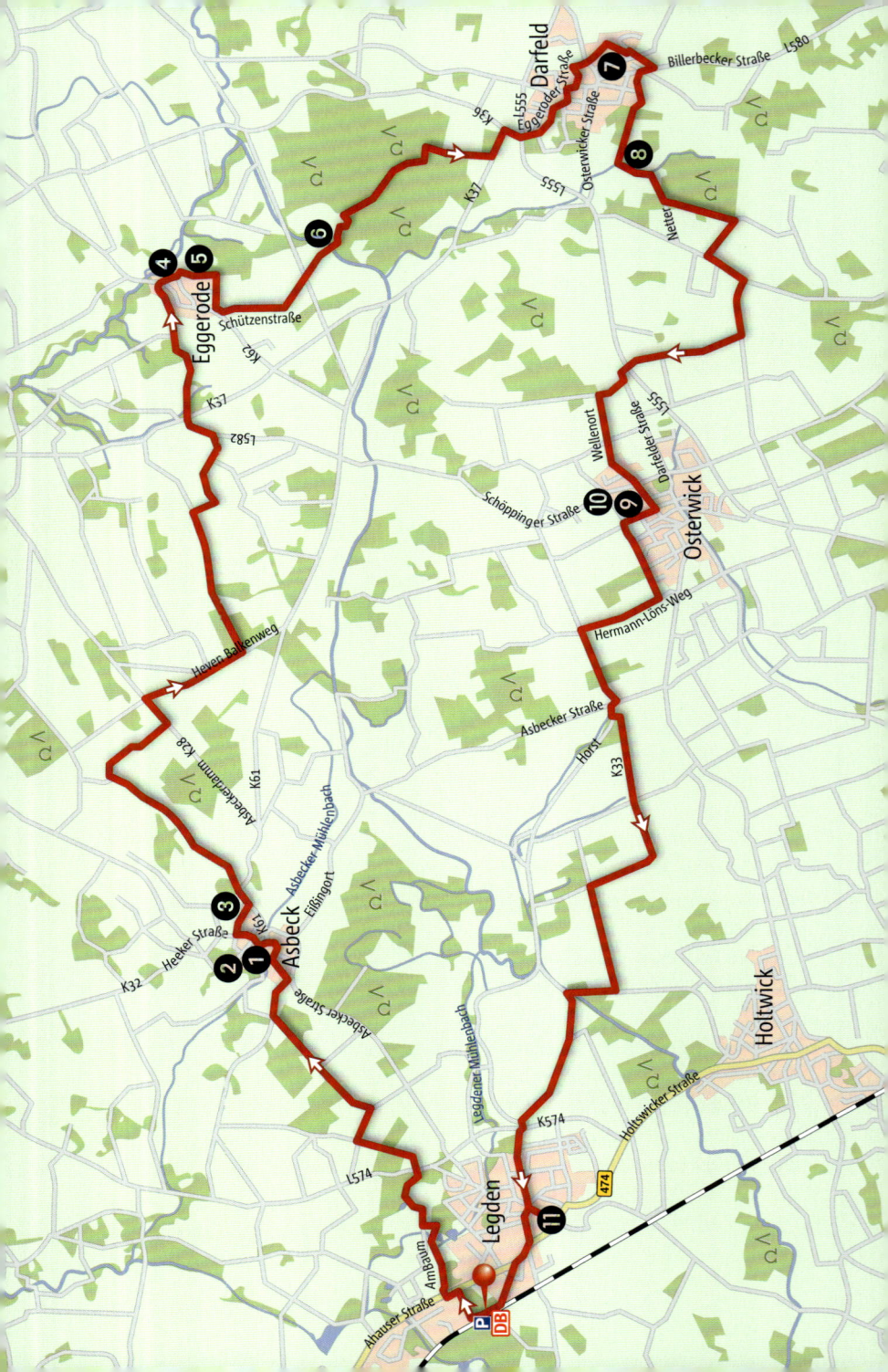

Alles auf einen Blick

WIE & WANN:
Nahezu durchweg auf Asphalt, weitgehend autofrei,
bei Gegenwind gegebenenfalls beschwerlich, ganzjährig befahrbar

HIN & WEG:
Auto: Parken auf dem Parkplatz am Bf Legden (GPS: 52.034244, 7.089222)
ÖPNV: Mit der Bahn bis Bf Legden (RB 51 Dortmund–Coesfeld–Legden–Enschede, Westmünsterlandbahn)

Entspannung ✶✶✶✶✶
Genuss ✶✶✶✶✶
Romantik ✶✶✶✶✶

ESSEN & ENTSPANNEN:
Gasthaus Der Grieche unter den Linden ❷ An der Kirche 9,
 48739 Legden-Asbeck, Tel. (0 25 66) 9 33 81 31
Eiscafé Eiszeit ❹ Gildestraße 1, 48624 Schöppingen,
Tel. (0 25 45) 4 59, www.eiszeit-eggerode.de
Bahnhof Darfeld ❼ Am Bahnhof 21, 48720 Rosendahl,
Tel. (0 25 45) 13 83, www.generationenpark-darfeld.eu
Café The Gardener ❿ im Rosenzentrum Westmünsterland,
Schöppinger Straße 11, 48720 Rosendahl, Tel. (0 25 47) 71 59,
www.rosenzentrum-westmuensterland.de

ENTDECKEN & ERLEBEN:
Dorfkern Asbeck ❶
Dicke Linde ❸ Lindenweg, 48739 Legden-Asbeck
Wallfahrtskapelle ❺ Marienplatz 3, 48624 Schöppingen-Eggerode
Wald bei Haus Burlo ❻
Schloss Darfeld ❽
Rosenzentrum Westmünsterland ❾
Dahliengarten Legden ⓫

- ✺ 49 Kilometer
- ✺ 140 Höhenmeter
- ✺ 5 Stunden
- ✺ Rundtour

Burg Lüdinghausen

Entschleunigungstour 7

Wir starten am **Bahnhof Capelle** und orientieren uns am roten Radwegweiser in Richtung Ortsmitte. Gleich zu Beginn passieren unsere Radesel die Grauesel im Gehege und biegen rechts in die Bahnhofsstraße ein. Hier begegnen wir auch zum ersten Mal der 100 Schlösser Route, die wir ab jetzt häufiger kreuzen werden.

Herrschaftszeiten!
Schloss und Burg im Steverland

Nach Überquerung der Bahnlinie gelangen wir in den Ort, den wir auf der Dorfstraße in Richtung Nordkirchen durchfahren. Unmittelbar am Ortsausgangsschild nimmt uns rechts die Straße Altefelds Holz auf und führt uns in vergangene herrliche Herrschaftszeiten. Vor dem Kreuz am Rastplatz biegen wir dazu nach links in Zum Hirschpark ein. Nach rund 800 Metern heißt es einmal kurz aufgepasst: Wir biegen links ab, um den **Fußwanderwegzeichen X und BUS** zu folgen und nach weiteren 200 Metern nach rechts unsere schöne Waldfahrt fortzusetzen. Bänke laden uns zum Verweilen ein. Danach gelangen wir an eine mit Palisaden bewehrte Brücke über den Gorbach und an die ehemalige mittelalterliche Turmhügelburg Morrien mit Liegestuhl, die uns mit entspannenden Worten des Dichters Kurt Tucholsky zu einer kleinen Nachdenkpause einlädt. Danach sind wir bestens auf den ersten Höhepunkt unserer Tour eingestimmt. Wir folgen nur wenige Meter dem Gorbach und entscheiden uns zugunsten des linken Weges, der uns auf immer schmalerem Pfad am Rastplatz Spatzenvilla vorbei direkt auf die Toreinfahrt

Rund 3000 Schlösser soll das Münsterland einst besessen haben. Nirgendwo sonst gab es so viele. Auf 100 Schlösser und Herrensitze konzentriert sich nun die 100 Schlösser Route auf rund 960 Kilometern durch eine herrliche münsterländische Parklandschaft.

Entschleunigungstour 7

des „Westfälischen Versailles", auf das **Schloss Nordkirchen ❶,** zuführt.

Nun machen wir ein Tor nach dem anderen: Nach vorsichtigem Überqueren der **L 810** geht es durch das Capeller Tor geradeaus weiter bis zum nächsten, dem Südtor. Wir durchfahren das Südtor, dann das Löwentor und auch das Frauentor, um geradewegs in den

Schloss Nordkirchen

Schlossinnenhof zu gelangen. Hier drehen wir uns einmal langsam um die eigene Achse, um das ganze Schloss in seiner Großartigkeit zu erfassen. Der monumentale Bau trägt die Handschrift des Barockbaumeisters Johann Conrad Schlaun. Zurück geht es erneut durch das Frauentor, um unmittelbar nach rechts durch das Marstor auf das Westtor zuzufahren. Hinter dem Westtor biegen wir rechts ab, um am Burggraben der Lindenallee zu folgen. An der Wegkreuzung geht es noch einmal mit der Fasanenallee rechtsherum, um von der Wassertreppe aus die wunderschöne Schaufront der Schlossrückseite anzuschauen. Der Blick über den Spiegelweiher und die neobarocke Venusinsel auf das Schloss ist atemberaubend. Wir brauchen

Schloss und Burg im Steverland

noch ein wenig Atem, um dem roten Radwegweiser in Richtung Nordkirchen zu folgen und uns dort an eine königliche Kaffeetafel zu begeben. Dazu nehmen wir hier am Alleenstern mit dem Rücken zum Schloss die zweite Allee, gelangen am Frauentor an einen Kreisverkehr, nehmen die dritte Ausfahrt und fahren „nicht über Los", sondern über die Schlossstraße direkt auf

Für die Seele
Erst geradelt, dann geadelt!

den Kirchturm von St. Mauritius zu. Unmittelbar gegenüber dem Turmeingang befindet sich auf dem Kirchplatz das traditionsreiche **Café Schlaun** ❷, das nicht nur mit fürstlichem Interieur, sondern auch mit leckerem, selbst gebackenem Kuchen und Kaffee aufwartet.

Fürstlich bedient und gestärkt setzen wir an der Kirche links vorbei unseren Weg fort. Gleich am hinteren Chor der Kirche biegen wir links in den Marienweg ein, fahren auf den Marienbildstock zu und halten uns rechts, um in Fahrtrichtung vorbei an einem Streichelzoo das Gelände der Kinderheilstätte Nordkirchen zu passieren und an einer Grundschule links in die Mühlenstraße einzubiegen. Dieser folgen wir bis zur **Ermener Straße/L 810**, halten uns rechts, um nach rund 200 Metern an der Kreuzung links abzubiegen und für die nächste Zeit dem roten Radwegweiser in Richtung Lüdinghausen zu folgen. Nach rund 800 Metern können wir nach links die **K 2** bereits über den Schwarzen Damm wieder verlassen. Schöne, gerade gewachsene Birken säumen unseren Weg. An einer Kreuzung mit einem Gedenkstein zu einer Schlacht von 1242 folgen wir dem Weg weiter geradeaus und nun dem roten

Gaben Adelige in den vergangenen Jahrhunderten ein Essen, wurden der Ehre halber auch Gäste eingeladen, die nicht mitspeisten, sondern aus der zweiten Reihe bei Kerzenlicht, festlich geschmückter Tafel und Musik den erlesenen Gängen (nur) mit den Augen folgen durften. Auch das war schon ein Privileg …

Entschleunigungstour 7

Stever-Radeln

Pfeil in Richtung Selm. An der **L 835** angelangt, geht es linksherum, um auf dem straßenbegleitenden Radweg – aufgepasst – auf der Höhe von **Ermen 40-38** vorsichtig die Straße nach rechts zu überqueren und unseren Weg auf der Höhe von **Ermen 35-37** auf dem Asphaltweg fortzusetzen. (Bei schlechtem Wetter fahren wir bis zur Kreuzung und dem Landgasthof Steverstrand weiter und biegen hier rechts ab.) Dieser Asphaltweg geht in einen etwas weniger leicht befahrbaren Schotterweg entlang des Teufelsbachs über, an dem ein Gedenkstein an alte Zeiten und die bereits untergegangene Burg Alrott erinnert. Wir stoßen auf einen Asphaltweg, in den wir rechts einbiegen, um gleich nach rund 100 Metern rechts auf den für uns Pedalritter geschaffenen Radweg einzubiegen, der uns an die **Stever** ❸ führt. Ab hier können wir uns wie der kleine Fluss einfach nur treiben lassen, die Steverlandschaft genießen und uns von Juni bis August von den vielen Seerosen in den Bann ziehen lassen. Dazu halten wir uns für die nächsten rund 4,5 Kilometer immer auf der rechten Uferseite. Wenn wir an einen Tennisplatz gelangen und uns die roten Radwegweiser ins Auge springen, sollten wir uns von der Flussbetrachtung losreißen.

Café Schlaun

Entschleunigungstour 7

Noch einmal überqueren wir diese Straße geradeaus am rechten Ufer entlang, um auf Höhe der RWE mit der **B 235** nach links erstmalig die Stever zu überqueren, um gleich danach rechts in die Spielstraße Im Ried einzubiegen und über die Holzbrücke einem weiteren Flussarm, der Mühlenstever, auf der rechten Uferseite durch die nun beginnende Wasserburgenlandschaft Lüdinghausens zu folgen. Vorbei an einem Storchennest und Kanuverleih setzen wir unseren Weg bis zu der Brücke mit Heiligenfigur und Glockentafel von 1876/1994 fort und folgen dem Hinweisschild zur **Burg Lüdinghausen** ❹. Kurz vor dem Lüdinghaus mit seiner Touristinformation biegen wir nach rechts in die Kopfsteinpflasterstraße Amtshaus ein, um durch das Torhaus mit stattlicher Ulme auf den Hof der Burg Lüdinghausen einzufahren. Es empfiehlt sich, die Renaissance-Wasserburg mit ihren Ursprüngen im 12. Jahrhundert einmal kurz zu umrunden, um danach auf Höhe der Burgbrücke dem Wegweiser zur Burg Vischering zu folgen. Über den Geschichtspfad mit den Büsten westfälischer Berühmtheiten gelangen wir am Antoniuskloster vorbei zum Eingang der **Burg Vischering** ❺. Die Ringmantelburg wurde erstmalig 1271 erwähnt und zählt zu den schönsten Wasserburgen Deutschlands. An diesem Ort haben wir auf jeden Fall eine längere Pause im **Café Reitstall** ❻ verdient.

Burg Vischering

Nach so viel „Laib und Seele" an diesem eindrucksvollen Ort biegen wir hinter dem Torhaus nach rechts auf die **Klosterstraße/K 13** ein, die wenig später in den **Erbdrostenweg/K 13** übergeht. Wir nehmen den straßenbegleitenden Radweg und folgen dem weiß-grünen Radwegweiser in Richtung Senden. Wenig später erblicken wir die Ausschilderung zum Haus Kakes-

Schloss und Burg im Steverland

beck, der wir die nächste Zeit bis zur letzten Burg auf unserer Tour folgen. Unser Weg führt uns dabei auch am **Landgasthof Kastanienbaum** ❼ vorbei, der uns mit ei-

Holzofenbäckerei an der Burg

ner schönen, kleinen Kastanienallee herzlich in Entrups Bier- und Kaffeegarten einlädt. Hier gibt es hausgemachte Limonaden.

Nach ausreichender Stärkung fahren wir weiter bis zu einem Kriegerdenkmal, an dem wir rechtsherum der wenig befahrenen **K 23** folgen. Zwischenzeitlich befinden wir uns auf der Birkenallee in der Bauerschaft Elvert, die bei jedem Licht und zu jeder Jahreszeit malerisch vor uns liegt.

Auf dieser Allee gelangen wir nach einer Linkskurve an einen weiteren Gasthof mit drei Linden. Hier halten wir uns rechts, überqueren die **L 835** und erblicken nur kurze Zeit später das **Burg Kakesbeck** ❽, die älteste der drei Wasserburgen aus dem 9. Jahrhundert.

Nun sind alle Schlösser und Burgen und eigentlich auch unsere Ziele für heute erreicht. Der letzte Tourabschnitt ist eher arm an Kultur und Genuss, dafür

Jörg Terjung backt auf der Burg Vischering sein Brot noch selbst, und das auf höchstem Niveau. Denn er ist der erste Brotsommelier des Münsterlandes. Im Backhaus nebenan backt er manchmal im historischen Holzofen das Brot Henri, Apfelbrot Katja oder das Lüdinkel.

Entschleunigungstour 7

Alte Obstbaumallee

können wir aber die unerschöpfliche Weite des Landes erfahren und die vielen Seelen-Eindrücke verarbeiten.

Dazu folgen wir zunächst dem roten Pfeil in Fahrtrichtung an schönen Kopfweiden vorbei.

Nachdem die K 23 eine scharfe Linkskurve genommen hat, folgen wir unmittelbar nach rechts und nun unbeirrt dem roten Radwegweiser in Richtung Ascheberg und der roten Ziffer 166. An der nachfolgenden B 235 auf Höhe der Bushaltestelle Soddemann biegen wir kurz links ab, überqueren vorsichtig die Hauptstraße und biegen rechts auf Höhe der Bushaltestelle Grothues in die Bauernschaft Aldenhövel ein. Über die L 884 hinweg, vorbei am Gut Aldenhövel und Windrädern kreuzen wir an einem weißen Kreuz die K 2, indem wir uns kurz rechts und wenige Meter links in die gleichnamige Bauernschaft begeben. Jetzt heißt es aufgepasst, dass wir nach rund 300 Metern nicht den Schotterweg vor einem versteckt liegenden Bildstock mit der Heiligen Familie verpassen. Wenn wir auf dem Schotterweg weiterhin dem roten Pfeil folgen, gelangen wir sicher nach knapp 1 Kilometer auf einen querenden Asphaltweg, dem wir rechts in die Oberbauerschaft und dem roten Pfeil mit roter Ziffer 148 bis zur B 58 folgen. Diese überqueren wir vorsichtig und geradeaus, um uns weiterhin in Richtung Ascheberg zu begeben. Zunächst umfahren wir weiträumig rechts einen links liegenden Hof, um uns auf eine lange Gerade in östlicher Richtung bis zur nächsten Querstraße zu begeben. Hier biegen wir rechts ein, um an der nächsten Kreuzung mit Pietà-Bildstock unseren Weg geradeaus auf dem mit F 30 ausgezeichneten Weg auf der Winkelstraße fortzusetzen. Dieser folgen wir bis zur nächsten Querstraße, in die wir rechts einfahren, um gleich nach rund 200 Metern hinter der Bushalte-

Ein typischer Bestandteil der münsterländischen Parklandschaft sind Kopfweiden mit ihren an Besen erinnernden Kronen, angeschwollenen oberen Stammteilen und häufig ausgehöhlten Stämmen. Diese bieten ein Zuhause für viele Insekten und höhlenbrütende Vögel.

Schloss und Burg im Steverland

stelle Alte Schule wieder links abzubiegen. Wir erreichen die K 3, von der wir uns nach rechts aufnehmen lassen und die uns zur letzten Raststätte, dem Landgasthaus Erdbüsken ❾, bringt. Dieses verfügt über einen sehr gemütlichen Biergarten, der uns zur jetzt wohlverdienten Pause unter Schatten spendenden Bäumen bei leckeren Speisen und kühlen Getränken einlädt.

Denn hinter dem Erdbüsken biegen wir noch einmal links ab und folgen ab hier der nur gelegentlich mit Autos befahrenen K 15 zunächst durch Feld und Flur, dann durch den Ichterloher Wald zur uns bereits bekannten Bahnhofstraße zurück. Nun noch zweimal links, und wir sind wieder am Ausgangspunkt, wo sich Esel und Esel für heute voneinander verabschieden dürfen.

Kleine Rast

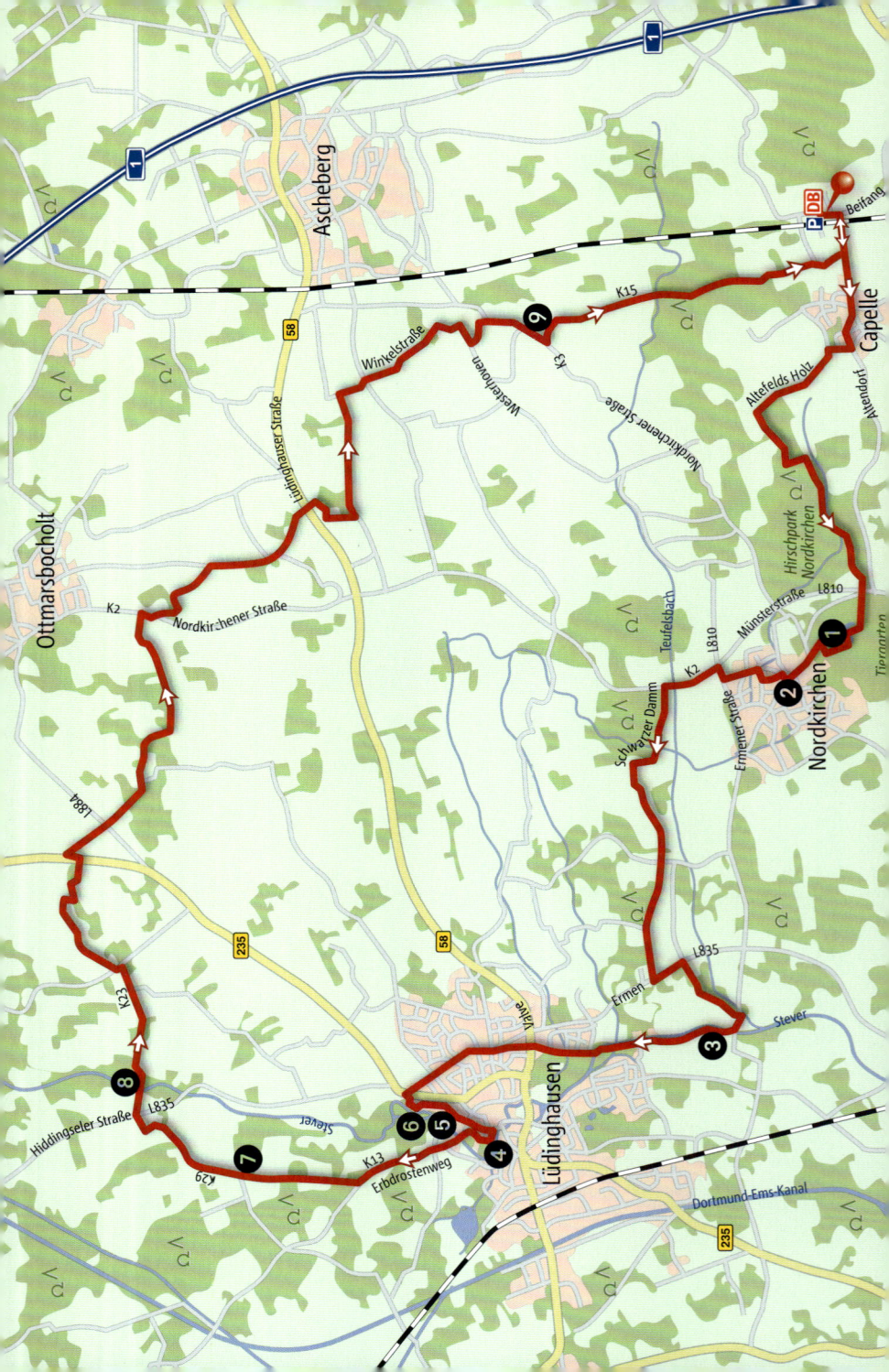

Alles auf einen Blick

WIE & WANN:
Zu jeder Jahreszeit befahrbar; Asphalt oder feste Böden, teilweise geringer Autoverkehr;
Bf Capelle verfügt über eine Brücke, um zu den Gleisen zu gelangen;
beim Hoch- und Runterschieben des schweren Rades sollte man sich helfen lassen

HIN & WEG:
Auto: Parken am Bf Capelle (GPS: 51.735335, 7.611456)

Entspannung ✴✴✴✴✴
Genuss ✴✴✴✴✴
Romantik ✴✴✴✴✴

ÖPNV: Mit der Bahn bis Bf Capelle (RB 50 Münster–Dortmund, Der Lüner)

ESSEN & ENTSPANNEN:
Café Schlaun ❷ Mauritiusplatz 5, 59394 Nordkirchen,
Tel. (0 25 96) 9 71 20, www.schlaun-cafe.de
Café Reitstall ❻ Berenbrock 1, 59348 Lüdinghausen,
Tel. (0 25 91) 9 47 57 82, www.cafe-terjung.de/café-reitstall
Landgasthof Kastanienbaum ❼ Elvert 6, 59348 Lüdinghausen,
Tel. (0 25 91) 94 03 00, www.kastanienbaum.de
Landgasthaus Zum Erdbüsken ❾ Nordkirchener Straße 59,
59387 Ascheberg, Tel. (0 25 93) 16 07, www.erdbuesken.de

ENTDECKEN & ERLEBEN:
Schloss Nordkirchen ❶ Schloß 1, 59394 Nordkirchen, Tel. (0 25 96) 91 75 00
Stever-Flußlandschaft ❸
Burg Lüdinghausen ❹ Amtshaus 8, 59348 Lüdinghausen, Tel. (0 25 91) 92 61 76,
www.burg-luedinghausen.de
Burg Vischering ❺ Berenbrock 1, 59348 Lüdinghausen, Tel. (0 25 61) 7 99 00,
www.burg-vischering.de
Burg Kakesbeck ❽ Bechtrup 63, 59348 Lüdinghausen, Tel. (0 25 61) 46 43

* 49 Kilometer
* 240 Höhenmeter
* 5 Stunden
* Rundtour

Bahnradfahren

Entschleunigungstour 8

Wir starten unsere Tour am **Bahnhofsvorplatz** und folgen zunächst in nördlicher Richtung auf der Goldstraße dem roten Pfeil in Richtung Rheine. Nach rund 200 Metern biegen wir rechts auf unsere erste ehemalige **Bahntrasse der Linie Ruhrgebiet–Burgsteinfurt–Rheine–Nordsee** ein.

Bummelbahnen
Auf drei Bahntrassen im Norden

Wir können uns auf die nächsten 13 Kilometer und ein entspanntes Bahnradwegfahren freuen, das uns nahezu immer geradeaus durch eine abwechslungsreiche Landschaft mit kleinen, nostalgischen Bahnhöhepunkten bis zum Kilometerstein 100 in Hauenhorst führen wird.

Nach weiteren rund 500 Metern passieren wir rechts den Jüdischen Friedhof und lassen langsam die Stadt hinter uns. Wir erreichen mit dem **Melkhus** ❶ unseren ersten Haltepunkt. In Eigenregie und auf Basis einer Vertrauenskasse führt hier die Familie Lölfer-Guhle einen kleinen Laden, der vorrangig Milchspezialitäten anbietet, aber auch Kaffee und Kuchen im Sortiment hat. Anschließend geht es über die viel befahrene **L 580** hinweg weiter in Richtung St. Arnold. Nach rund 6,5 Kilometern erreichen wir den ehemaligen **Bahnhof** ❷, der durch seine Bauweise in Fachwerk und Backstein viel Eisenbahnnostalgie aufscheinen lässt. Der Eisenbahnclub Nordwestmünsterland e.V. kümmert sich um die Pflege des Bahnhofbereichs und lädt auf einem 750 Meter langen Nebengleis zu Draisinefahrten auf Anfrage ein. Nach Überqueren der

Die Bahnstrecke 1 von 1873 umfasste 173 Zugkilometer. Zahlreiche Kohle- und Erzzüge pendelten zwischen dem Ruhrgebiet und den Nordseehäfen. Nach dem Zweiten Weltkrieg verlor die Strecke an Bedeutung, wurde aus militärstrategischen Gründen aber bis 1999 instand gehalten.

Entschleunigungstour 8

Milchpause im Melkhues

L 583 geht es auf der alten Bahntrasse weiter geradeaus durch weite Felder und saftige Wiesen nach Hauenhorst. Im ehemaligen Bahnhofsbereich kurz hinter dem Kilometerstein 100 verlassen wir die Bahntrasse, indem wir links in die Straße Zur Gantenburg einbiegen, um diese nach 400 Metern links zugunsten der Eisenbahnstraße zu verlassen. Hier treffen wir nach nur wenigen Augenblicken auf das **Restaurant Hubertushof ❸,** das uns zu einer weiteren Verschnaufpause einlädt. Danach nehmen wir wieder – natürlich – auf der **Eisenbahnstraße** Fahrt auf, passieren an der gleichnamigen Bushaltestelle die **K 66** und nehmen den Einhornweg an einem Heiligenhäuschen mit Muttergottes vorbei bis zur nächsten Kreuzung, um rechts in den **Hessenweg** einzubiegen. Diesem Weg folgen wir getreu die nächsten 3 Kilometer geradeaus, vorbei an einem Hundetrainingsplatz und über die **B 70** hinweg bis zu einer Kreuzung mit einem großen Möbelgeschäft, an dem wir rechts in die Holtstiege einbiegen. Diese führt uns geradeaus über die **K 66** hinweg durch eine schöne Bauerschaft bis zur Kreuzung Am Goldberg. Hier biegen wir links ab und kommen zur **K 60,** der wir kurz

Auf drei Bahntrassen im Norden

nach links folgen und nach rund 100 Metern rechts auf der Höhe eines weiteren Möbelgeschäfts des uns bereits bekannten Händlers überqueren. Wir erblicken ein steinernes Denkmal, das an einen Flugzeugabsturz und an die Seelen der Opfer erinnert, und haben unsere nächste **Bahntrasse der Linie Rheine–Ochtrup–Niederlande** erreicht.

Für die Seele

Auf den alten Bahntrassen lassen wir die Seele einfach laufen.

Hier biegen wir nach links ein, durchfahren zunächst eine kleine Schlucht und radeln dann auf Neuenkirchen zu. Vorbei am ehemaligen Bahnhofsgebäude gelangen wir schon kurze Zeit später an den idyllischen **Offlumer See ❹**. An diesem ehemaligen Baggerloch sollten wir auf jeden Fall eine Pause einlegen und uns bei Bedarf an der Strandpromenade auch Abkühlung – innen und außen – verschaffen. Die Gastronomie **Ewige Liebe ❺** mit maritimem Interieur und Strandterrasse lädt zu einem kühlen Getränk ein, der See mindestens zum Kühlen der Füße. Auf der Aussichtsplattform, einem ehemaligen Sandtrichter, lassen wir uns abschließend wie auf einem Leuchtturm eine Brise um die Ohren wehen und dabei unseren Blick über See und Landschaft schweifen.

Weiter geht es in Richtung Wettringen. Der Bahndamm ermöglicht uns nun, die ganze Schönheit der Parklandschaft des nördlichen Münsterlandes in den Blick zu nehmen. Der Weg ist umsäumt von Birken und Buchen. Linker Hand blicken wir auf Wiesen und Felder, rechter Hand zeichnen sich mehr und mehr die Rothenberge (95 m) ab. Die Vechte, ein 200 Kilo-

Die Bahnstrecke 2 war von 1905 bis 1969 in Betrieb, um eine kurze Verbindung in die Niederlande zu schaffen. Aufgrund des Sandabbaus fuhren auf dieser Strecke viele Quarzzüge.

Entschleunigungstour 8

meter langer Fluss, der in die niederländische Ijssel und im weiteren Verlauf in die Nordsee mündet, prägt nun unser Landschaftsbild.

In Wettringen überqueren wir die Händelstraße und die Brücke über die Steinfurter Aa, passieren das ehemalige Bahnhofsgebäude, einen weiteren Wetterpilz und fahren weiter auf dem Bahntrassenweg in Richtung **Welbergen** ❻. Schon kurze Zeit später erblicken wir links einen Kirchturm und haben gleich das schönste Dorf auf unserer Tour erreicht. Flankiert von der seicht dahinfließenden Vechte bietet sich auf dem Dorfplatz im sehr einladenden Biergarten der **Gaststätte Sandmann** ❼ eine weitere Rast an. Die Inhaberin, Frau Niehuesbernd, verspricht uns eine gute Radwanderverpflegung münsterländischer Art. Empfehlenswert sind auf jeden Fall ihr Pumpernickel, die westfälische Schinkenplatte und der hausgemachte Kuchen.

Danach kann es auch gut kulturell weitergehen, denn dieser kleine Ort verfügt gleich über zwei Kirchen, die hervorragend in das stimmige, flussgeprägte Ortsbild passen. Wir setzen unsere Fahrt, dem roten Pfeil folgend, über die **Dorfstraße/K63** in Richtung Süden fort. Nach rund 1 Kilometer geht die Straße in eine Rechtskurve über. Hier verlassen wir am Ende des straßenbegleitenden Radweges die K 63 zugunsten des sich anschließenden Asphaltweges, um nach weiteren rund 400 Metern die **L 510** zu überqueren und am Alten Posthof aus dem Jahre 1598 vorbei die idyllisch gelegene **Wasserburg Haus Welbergen** ❽ zu erreichen.

Das Haus Welbergen wurde im 13. Jahrhundert erbaut und ging aus einem Gräftehof hervor. Es ist eine der ältesten erhaltenen Burganlagen Westfalens. Unspektakulär, aber umso intensiver ist die Schönheit und Ruhe des Gartens im inneren Schlosshof, die wir in uns aufnehmen und wirken lassen können. Alles ist hier typisch westfälisch!

Wir setzen unseren Weg in südlicher Fahrtrichtung entlang des Wassergrabens dem roten Pfeil folgend nach Metelen fort. Am Ende des Schlossparks

„Unser täglich Pumpernickel gib uns heute" beteten früher die Münsterländer. Dieses typisch westfälische Vollkornbrot aus Roggenschrot war nicht nur lange haltbar, sondern ist mit Schinken belegt oder mit Frischkäse bestrichen einfach ein Genuss!

Bahnradweg bei Kilometerstein 100

Bachauenlandschaft bei Metelen

Entschleunigungstour 8

nimmt uns der wenig befahrene **Welbergener Damm/K 65** auf, den wir an der dritten Einmündung hinter dem Bahnübergang rechtsherum verlassen, um uns weiterhin dem roten Pfeil anzuvertrauen und wieder an die Vechte bis in den Ort führen zu lassen. Wir fahren an Fluss und Hintergärten entlang, überqueren vorsichtig den Nordring und erreichen weiterhin der Vechte folgend die alte Mühle. Ab hier beginnt ein sehr schöner, renaturierter Abschnitt der **Neuen Vechte ❾,** der uns durch die Wiederanbindung und naturnahe Gestaltung eines Vechtearms regelrecht die Schuhe ausziehen lässt. Durch kühles Wasser und weichen Sand watend, können wir die besondere Pflanzenwelt und Fischtreppe bewundern, denn hier ist einfach alles im Fluss.

Nachdem wir abschließend ein mögliches Sonnenbad auf der Sandbank genommen und die Infotafeln studiert haben, folgen wir noch ein kurzes Stück der Vechte und biegen an der Brücke rechts in die Hauptstraße Am Vitustor ein, überqueren dabei erstmalig die Vechte und gelangen zum zentralen Sendplatz. Unterschiedliche Einkehrmöglichkeiten geben erneut Gelegenheit zum Auftanken. Auch ein Besuch der rechts hinter dem Sendplatz leicht versteckt liegenden, ehemaligen **Stiftskirche St. Cornelius und St. Cyprianus ❿** mit ihren zahlreichen spätmittelalterlichen und frühneuzeitlichen Sakralkunstwerken ist auf jeden Fall lohnenswert. Die Kirche gehörte früher zu einem Damenstift, das der Sage nach von einer belgischen Prinzessin gegründet wurde. Zum Dank für ihre Heilung durch einen berühmten Arzt in Holland gelobte sie, an der Stelle, wo ihre Kutschpferde von selbst anhalten würden, ein Stift zu gründen. Die Vermessung des Stiftsbezirks erfolgte „met Ellen", daher der Ortsname Metelen.

Am westlichen Ende des Sendplatzes gelangen wir auf die Straße Neutor, die wir in südlicher Richtung nehmen, um am ehemaligen Bahnhof Metelen, an den leider nur noch eine Bronzeplastik erinnert, links in

Auf drei Bahntrassen im Norden

den Südring einzubiegen. Dieser geht in den Nieporter Esch und wenig später nach erneuter Querung der Vechte und der Leerer Straße auf unsere letzte **Bahntrasse der Linie Niederlande–Metelen–Burgsteinfurt** über, die uns nunmehr wieder gemächlich und „gedankenfrei" auf unserem letzten Teilstück zurück zu unserem Ausgangsort geleiten möchte.

Dazu orientieren wir uns erneut an den roten Pfeilen und achten lediglich nach Überqueren der Leerer Straße besonders darauf, dass wir die Unterführung der **B 70** nach rechts nicht verpassen, um an einem Rastplatz gleich wieder links unseren Weg auf der Bahntrasse fortzusetzen. Der Weg ist zunächst herrlich umsäumt von Nadelbäumen, die Erinnerungen an eine Fahrt mit der Transsibirischen Eisenbahn durch die Weite Russlands hervorrufen können. Vorbei am ehemaligen Vogelpark dürfen wir auf der Höhe des Bahnkontrollpunkts 23 F noch einmal am Rastplatz kurz verschnaufen und Bahnnostalgie schnuppern, um dann zielstrebig durch die Metelener Heide zum **Bahnhof Burgsteinfurt** zurückzukehren.

Die Bahnstrecke 3 „Nordbahn" wurde 1906 eröffnet, um die vormaligen Textilstädte im Nordwesten des Münsterlandes mit der niederländischen Bekleidungsindustrie zu verbinden. Die Bahnlinie wurde 1986 stillgelegt.

Alles auf einen Blick

WIE & WANN:
Nahezu ausschließlich asphaltierte Wege und autofrei,
flache Strecke, ganzjährig gut befahrbar

HIN & WEG:
Auto: Parken am Bf Burgsteinfurt (GPS: 52.1475788, 7.3297797)
ÖPNV: Mit der Bahn bis Bf Burgsteinfurt (RB 64 Münster–Burgsteinfurt–Enschede, Euregiobahn)

Entspannung ✴✴✴✴✴
Genuss ✴✴✴✴✴
Romantik ✴✴✴✴✴

ESSEN & ENTSPANNEN:
Melkhus ❶ Hollich 6, 48565 Steinfurt, Tel. (0 25 51) 52 79
Restaurant Hubertushof ❸ Eisenbahnstraße 13, 48432 Rheine,
Tel. (0 59 71) 38 32, www.hubertushof-dahl-greiwe.de
Ewige Liebe ❺ Am Offlumer See, 48485 Neuenkirchen, Tel. (0 59 73) 93 41 83
Gaststätte Sandmann ❼ Dorfstraße 9, 48607 Ochtrup, Tel. (0 15 16) 2 63 03 83,
www.gaststatte-sandmann.business.site

ENTDECKEN & ERLEBEN:
Bahnhof St. Arnold ❷ Emsdettener Straße 231,
48485 Neuenkirchen-St. Arnold
Offlumer See ❹ Neuenkirchen-Offlum
Ortskern Welbergen ❻
Wasserburg Haus Welbergen ❽ Bökerhook 6, 48607 Ochtrup-Welbergen
Neue Vechte ❾
Stiftskirche St. Cornelius und St. Cyprianus ❿ Kirchstraße 6,
48629 Metelen, Tel. (0 25 56) 9 85 48 30

- 42 Kilometer
- 120 Höhenmeter
- 5 Stunden
- Rundtour

Alte Lindenallee

Entschleunigungstour 9

Wir beginnen unsere Tour am **Bahnhof Borken** und orientieren uns nördlich zur Ampelkreuzung Nordring/Ahauser Straße hin, um dort geradeaus in den Beckingsweg einzufahren. Nach rund 200 Metern biegen wir rechts in den Fahrrad- und Fußweg zwischen den Hausnummern 14 und 16 ein und haben schon

Aalleen hopp!
Von Aa nach See

allen Lärm und alle Hektik hinter uns gelassen. Nach weiteren rund 50 Metern heißt es noch einmal kurz aufgepasst, da der Weg sich hier aufzweigt. Wir nehmen den rechten Pfad und folgen zunächst dem roten Pfeil in Richtung Velen/Südlohn. Der Weg führt uns an die Bocholter Aa heran. Hier halten wir uns rechts, um hinter einem Parkplatz auf Höhe der Johanneskirche zur Kreuzung **Ahauser Straße/Coesfelder Straße** zu gelangen. Wir biegen nach links ab, überqueren die Aa, um gleich darauf über den Holzplatz rechts in die freundliche Ortsmitte Gemens einzufahren. Jetzt wird es richtig idyllisch: Weiter geradeaus kreuzen wir erneut die Aa, um durch ein schönes Torhaus auf den Kirchhof der Marienkirche zu gelangen. Vor uns liegt die **Freiheit** ❶, die uns, verbunden mit einem Kurzbesuch in der sehenswerten Barockkirche, zum ersten Verweilen einlädt und noch einmal durchatmen lässt. Dann weiter die Allee geradeaus überqueren wir einen Burggraben und stehen vor der atemberaubenden Kulisse der **Jugendburg Gemen** ❷.

Sie wurde im Jahre 1092 erstmals vom Gemener Edelherrn und Vogt des Damenstifts Vreden er-

Die Freiheit rund um die Burg war im 18. Jahrhundert aus der Landesherrschaft ausgegliedert und besaß einen eigenen Rechtsstatus. So konnten hier Christen – Katholiken wie Protestanten – und Juden rund um die zahlreichen Gotteshäuser friedlich zusammenleben.

Entschleunigungstour 9

Jugendburg Gemen

wähnt, dessen Vorfahren sich bis zum Sachsenfürsten Widukind zurückführen lassen. Heute ist die Burg eine der größten katholischen Jugendbildungseinrichtungen Deutschlands.

Wir begeben uns zurück zur Brücke über den Burggraben, überqueren sie erneut, um unmittelbar nach rechts in den Weg einzubiegen und dem roten Schild zum Sternbusch zu folgen. Wir umfahren die Burg, indem wir am Ufer des Burggrabens entlangradeln, schauen noch einmal ihre schöne Rückfront an und fahren geradeaus direkt auf ein kleines Eisentor

Von Aa nach See

zu. Nachdem wir das Tor durchfahren haben, biegen wir gleich erneut links ab, um wiederum die Aa zu überqueren. Dabei folgen wir dem roten Pfeil und fahren in Richtung Weseke. An einem Unterstand mit Infotafeln zur Bocholter Aa wenden wir uns nach links, um uns hinter dem Friedhofsparkplatz nach rechts von einer wunderbaren doppelten Lindenallee

❀ Für die Seele

In der Apotheke Gottes findet sich auch immer Medizin für die Seele.

aufnehmen zu lassen. Der Allee folgen wir durch den herrlich grünen Sternbusch für knapp 1,5 Kilometer, um an einer Kreuzung rechts in den Olden Goren und an der nächsten Kreuzung links in den Möllenweg einzubiegen. Auf Höhe eines Rastplatzes geht es nach links, um an der nächsten Querstraße rechts in den Pass-Feldweg und wiederum links in die Hockweide einzubiegen. Schon erhaschen wir einen herrlichen Blick auf eine Bockwindmühle. Nach Überquerung der **K 6** biegen wir nochmals nach rechts in die Neue Kirchstraße und wiederum links in die Wiesenstraße ein, um kurz vor der hoch gelegenen **B 70** am über 200 Jahre alten Heimathaus und Backspeicher vorbei unser nächstes Highlight, den Quellengrundpark, zu erreichen. Vorbei an liebevoll restaurierten und detailgetreuen Häusern fahren wir bis zum **Apothekergarten** ❸ durch, der uns zu einer erneuten Pause einlädt. Angelika, Johanniskraut, Weißdorn und viele Kräuter mehr finden sich auf 21 Feldern oder auf der Tast- und Riechgalerie.

Anschließend folgen wir in nördlicher Richtung dem roten Pfeil durch den Park auf die Hauptstraße

Entschleunigungstour 9

zu, die uns durch einen Kreisverkehr geradeaus in die Ortsmitte führt. Wir umfahren die große St. Ludgerus Kirche, um unsere erste Einkehrmöglichkeit, das **Eiscafé Riviera ❹**, zu erreichen und nun auch noch unseren Geschmackssinn mit einem leckeren Eisbecher auf Touren zu bringen.

Unseren Weg setzen wir schräg gegenüber durch die Ballbahn fort, folgen wieder dem roten Pfeil bis zum Schlückersring, halten uns rechts und biegen sofort erneut nach links in die Wöstenstiege ein. Nach Überqueren der **B 70** kommen wir zur Sportanlage des SV Adler Weseke. Ab hier können wir uns radelnd eine „meditative Pause" gönnen, indem wir die nächsten Kilometer nahezu immer geradeaus durch Feld und Flur dem roten Pfeil bis nach Burlo folgen. Kurz vor dem Ortseingang geht die Wöstenstiege in den Pater-Arnold-Weg über, den wir auf Höhe der Bushaltestelle und noch vor (!) der Gaststätte und der Lagerstraße rechter Hand zugunsten eines schnurgeraden Weges verlassen. Dieser verläuft parallel zur Schottertrasse der **ehemaligen Bahnstrecke Borken–Burlo–Winterswijk.** Langsam lassen wir die Ortsbebauung hinter uns und gelangen zur **L 572,** biegen rechts ab, um die Landstraße hinter der Bushaltestelle

Im Wooldse Veen

Von Aa nach See

Bahnübergang vorsichtig zu überqueren und links in die Sackgasse zum Feld 16 und 17 einzubiegen. Der Weg führt uns zum Infopoint Feldhütte, der uns kurz vor der niederländischen Grenze auf den vor uns liegenden Kommiesenpatt und das Grenzgängertum vorbereitet.

Lang wird die Pause nicht ausfallen, denn schon lockt die nächste Allee nach links zur Weiterfahrt. Entlang dieser baumumsäumten, wunderschönen Agnesallee gelangen wir am **Knooppunt 37** wieder an den uns bereits vertrauten Bahndamm, auf dessen Trasse wir nach rechts einbiegen und dieser bis zur deutsch-niederländischen Grenze folgen. Geradeaus ist der Weg nur den Fußgängern durch das naturgeschützte Nonnenvenn vorbehalten. Wir folgen daher auf dem Grenzstreifen dem magentafarbenen Wegweiser nach rechts in Richtung Winterswijk, um nach rund 200 Metern gleich wieder links in den Burloseweg einzubiegen. An der nächsten Kreuzung fahren wir nach links, um nach rund 500 Metern erneut nach rechts auf die Bahntrasse zu gelangen. Dieser folgen wir noch ein letztes Mal bis zur Querstraße, dem Kuipersweg, in den wir nach links einbiegen. Dieser gut gepflasterte Weg führt uns durch die herrliche, grenzüberschreitende Vegetation des **Wooldse Veens** und des benachbarten **Burlo-Vardingholter Venns** ❺.

Wir kommen am Ende des Kuiperwegs zu einer Kreuzung, die uns einlädt, über den Grenzweg wieder in die Heimat zurückzukehren. Wir zögern dies aber noch ein wenig hinaus, denn die Niederlande hat noch einige kulinarische Höhepunkte zu bieten. Dazu setzen wir unsere Fahrt nach halb rechts auf dem Kulverweg bis zur **Kaasboerderij en Herberg Harmienehoeve** ❻ fort.

Die Winterswijkse Hofkäserei beherbergt gleichzeitig ein Pfannenkuchenhaus, in dem wir uns zunächst einmal nach den vielen Kilometern mit einem der 36 verschiedenen Pannenkoe-

Als Kommiesen wurden von der Bevölkerung die Zöllner bezeichnet, die bis zum Inkrafttreten des Schengener Abkommens 1995 die Grenze patrouillierten und den Schmugglern auflauerten. Der Patt verläuft bis heute über einige noch vorhandene ehemalige Zöllner- und Schmugglerpfade.

Das grenzüberschreitende Venngebiet Wooldse Veen/Burlo-Vardingholter Venn wächst noch heute und bietet hervorragende Einsichten in Hochmoorbereiche, Feuchttheiden und Moorgewässer. Das 190 Hektar große Areal ist Teil des Netzwerks europäischer Naturschutzgebiete Natura 2000.

# Entschleunigungstour 9

ken stärken können. Anschließend stellt uns Familie Bruggink-Boeijink die traditionelle Herstellung ihres Bauernkäses aus Milch von 60 eigenen Kühen vor.

Danach geht es auf demselben Weg zur Kreuzung zurück, um nun rechtsherum endlich in den Grenzweg einzubiegen. Auf diesem passieren wir wieder die Grenze nach Deutschland, bis wir weiterhin geradeaus über **Knooppunt 31 und 35** hinaus bis zu einer Kreuzung mit drei Gehöften und einem Waldstück kommen, an der wir nach links in den Burloer Diek einbiegen, um diesen gleich bei nächster Gelegenheit nach rechts zugunsten des Weges An der Delle zu verlassen. Wir befinden uns wieder in der weitläufigen, typisch westfälischen Parklandschaft, in der sich Wiesen-, Wald- und Ackerflächen abwechseln. Wir überqueren die **Gronauer Straße/Rheder Straße/L 572,** um unsere Tour auf dem Wansingweg fortzusetzen, der uns zur nächsten Kreuzung mit einem Marienbildstock bringt. Hier biegen wir rechts in den Branden ein, und auch der rote Pfeil hat uns wieder. Diesem folgen wir weiter bis zu unserem nächsten Ziel, dem Pröbstingsee. Dazu kreuzen wir die **K 50** mit einem kurzen Rechts-links-Schwenker, um in den **Hoxfelder Esch** einzubiegen. Hinter der Hoxfelder Schule erblicken wir rechts die Josef-Bresser-Sternwarte, die mit Informationen zum Planetenweg aufwarten kann, der uns von nun an immer mal wieder aufnehmen oder kreuzen wird.

Wir folgen weiter dem Hoxfelder Esch nebst rotem Pfeil und kommen zur **K 3**, in die wir links einbiegen und nach 200 Metern vorsichtig nach rechts überqueren, um über die Pröbstinger Allee ganz entspannt auf den **Pröbstingsee** ❼ zuzurollen. Auf der Brücke über die uns bereits vertraute Bocholter Aa können wir eine Entscheidung treffen: Haben wir Durst und Hunger, setzen wir unseren Weg geradeaus über die nächste Brücke fort, lassen links das Herrenhaus Pröbsting liegen, um am Ufer entlang direkt zum herrlich gelegenen **Bootshaus** ❽ mit Biergarten zu gelangen. Eine gute

Sonne, Mond und Sterne ... – schneller als das Licht können die Planeten im Rahmen eines maßstabsgetreuen, verkleinerten Modells unseres Sonnensystems rund um den Pröbstingsee erfahren werden. Geschwinder kommen wir kaum durch die Galaxis.

Agnesallee

Entschleunigungstour 9

Weinkarte und leckerer Flammkuchen erwarten uns auf einer schönen Seeterrasse. Ist uns nach einem kühlen Bad zumute, biegen wir gleich hinter der Aa-Brücke rechts in den Uferweg ein, um den sehr einladenden Sandstrand anzusteuern. Anschließend kann man immer noch in den Bootshaus-Biergarten. Egal, wie wir uns zuerst entscheiden, den See sollten wir immer nah am Ufer einmal umfahren, um ihn in seiner ganzen Schönheit erfahren zu können.

Wir verlassen den See über die bereits bei unserer Ankunft überquerte Brücke der **Bocholter Aa** ❾, um kurz danach rechts in den Uferweg und dem roten Pfeil in Richtung Borken folgend einzubiegen und auf der linken Uferseite zunächst an einer Fischtreppe vorbei gemächlich auf das Ende unserer Tour zuzuradeln. Wir erreichen die **K 3,** die uns nach rechts aufnimmt, um nach Überqueren der Aa-Brücke gleich wieder links in den Uferweg einzubiegen. Am Wegesrand begleitet uns eine herrliche Flussvegetation, bis wir die **B 70-Umgehungsstraße** erreichen, der wir zunächst linksherum rund 200 Meter parallel folgen,

Pause auf der Seeterrasse

Von Aa nach See

Weites Münsterland

dann rechts unterqueren, um weiterhin dem roten Pfeil nachfahrend auf die Neumühlenallee einzubiegen. Dieser folgen wir über die **L 600/Burloer Straße** hinweg und rund 500 Meter weiter bis zur Mozartstraße, an der wir rechts in den Fuß- und Radweg einbiegen, um erneut auf die Aa zuzufahren. Hier genießen wir nochmals die schöne Flussflora und -fauna, die wir von den aufgestellten Bänken aus mit Muße beobachten können. Kurz vor der Innenstadtbebauung führt uns der Weg nach links an die Aa zurück. Dieser folgen wir bis zur nächsten Brücke, überqueren hier die Aa ein letztes Mal geradeaus, um auf Höhe eines Bolzplatzes den uns vom Hinweg bekannten Abzweig zu erreichen. Hier biegen wir rechts ab und gelangen zum **Beckingsweg,** der uns linksherum zum Bahnhof Borken zurückführt.

Alles auf einen Blick

WIE & WANN:
Ganzjährig befahrbar, überwiegend Asphalt, nur wenig Autoverkehr

HIN & WEG:
Auto: Parken auf dem Parkplatz Johann-Walling-Straße 30 Parking, 46325 Borken (GPS: 51.847491, 6.859909)
ÖPNV: Mit der Bahn bis Bf Borken/Westf. (RE 14 Essen–Borken, Der Borkener)

Entspannung ✸✸✸✸✸
Genuss ✸✸✸✸✸
Romantik ✸✸✸✸✸

ESSEN & ENTSPANNEN:
Eiscafé Riviera ❹ Hauptstraße 9, 46325 Borken-Weseke
Kaasboerderij en Herberg Harmienehoeve ❻ Kulverweg 2–4, 7108 BB Winterswijk-Woold, Tel. (00 31) (0) 5 43 56 42 08, www.harmienehoeve.nl
Bootshaus ❽ Pröbstinger Alle 11, 46325 Borken, Tel. (01 78) 6 64 95 32, www.bootshaus-proebstingsee.de

ENTDECKEN & ERLEBEN:
Gemener Freiheit ❶ www.freiheit-gemen.de
Jugendburg Gemen ❷ Schlossplatz 1, 46325 Borken-Gemen, Tel. (0 28 61) 9 22 00, www.jugendburg-gemen.de
Apothekergarten Weseke ❸ www.weseker-heimatverein.de/apo-garten
Wooldse Veen und das benachbarte Burlo-Vardingholter Venn ❺
Pröbstingsee ❼
Flusslandschaft Bocholter Aa ❾

- ❋ 27 Kilometer
- ❋ 160 Höhenmeter
- ❋ 3 Stunden
- ❋ Rundtour

Kleine Wunder im Wald

Entschleunigungstour 10

Wir starten mit dem Rücken zum Bahnhof nach rechts und gelangen zur Kreuzung, an der wir der **Bahnhofsstraße** und dem roten Pfeil in Richtung Hülsten nach rechts folgen. An der Einmündung biegen wir rechts in den **Aeckern/K 12** ab und überqueren die Bahn. Nach knapp 150 Metern wenden wir uns nach

Waldmeisterschaften
Tour de Hohe Mark

rechts und folgen ab hier, ohne einer weiteren Orientierungshilfe bedürfend, dem roten Pfeil in Richtung Kapelle Surendorf. Zunächst lassen wir ein weithin bekanntes Tiefkühlkostunternehmen mit dem wohl „größten Kühlschrank Europas" rechts liegen. Dennoch bleiben wir in seiner „Reichweite", da die Natur, die wir nun durchstreifen werden, viel zum Gelingen von Pizza, Pasta und anderen Portionen beiträgt. Denn auf den Feldern rund um Reken werden hierfür Kräuter und Gemüse aller Geschmacksrichtungen angebaut. Wir schrauben uns zunächst kurz und knackig den Hügel hinauf, um wenig später einen baumumsäumten Bauernhof hinabrollend zu passieren. Beidseitig eröffnen sich uns schöne Aussichten: Nach links erblicken wir das leicht gewellte, gar nicht immer so platte Münsterland, rechts sehen wir die Hohe Mark, der wir uns behutsam annähern werden.

Zunächst aber fahren wir auf die **Kapelle Surendorf** zu, die bereits seit Jahrhunderten Wallfahrern auf ihrem Weg zum Annaberg bei Haltern Schutz und Geleit bietet.

Die Hohe Mark ist ein zusammenhängendes Waldgebiet am Nordrand des Ruhrgebiets und am Übergang zum Münsterland. Der viertgrößte Naturpark NRWs mit einer Fläche von 1040 Quadratkilometern ist ein abwechslungsreiches Wandergebiet.

Tour de Hohe Mark

Rechts um die Kapelle herum radeln wir auf asphaltiertem Wege auf eine Pausenbank am Rand des Naturschutzgebietes Hülstenholter Wacholderheide zu. Ab hier folgen wir nach rechts dem roten Pfeil in Richtung Haltern mit unserem Anliegen, die Landschaft auf einem Schotterweg radelnd zu durchstreifen. Nahezu stetig geradeaus geht es am Kiefern-

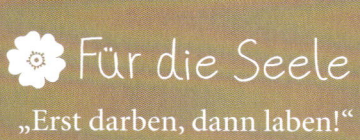

Für die Seele

„Erst darben, dann laben!"

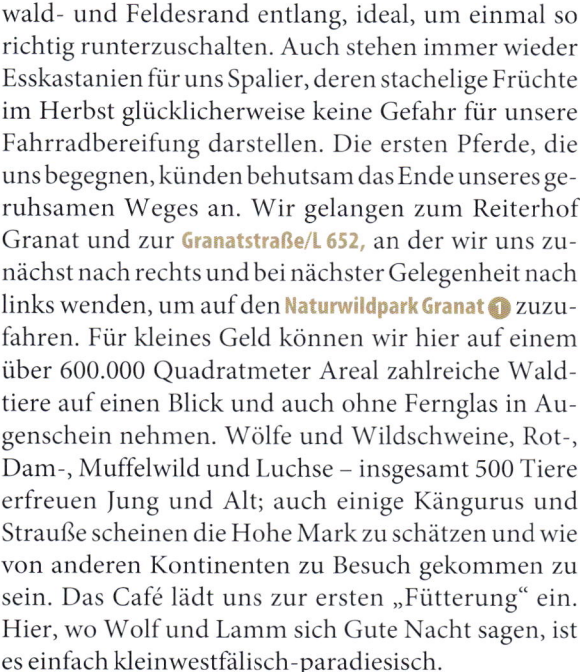

wald- und Feldesrand entlang, ideal, um einmal so richtig runterzuschalten. Auch stehen immer wieder Esskastanien für uns Spalier, deren stachelige Früchte im Herbst glücklicherweise keine Gefahr für unsere Fahrradbereifung darstellen. Die ersten Pferde, die uns begegnen, künden behutsam das Ende unseres geruhsamen Weges an. Wir gelangen zum Reiterhof Granat und zur **Granatstraße/L 652,** an der wir uns zunächst nach rechts und bei nächster Gelegenheit nach links wenden, um auf den **Naturwildpark Granat** ❶ zuzufahren. Für kleines Geld können wir hier auf einem über 600.000 Quadratmeter Areal zahlreiche Waldtiere auf einen Blick und auch ohne Fernglas in Augenschein nehmen. Wölfe und Wildschweine, Rot-, Dam-, Muffelwild und Luchse – insgesamt 500 Tiere erfreuen Jung und Alt; auch einige Kängurus und Strauße scheinen die Hohe Mark zu schätzen und wie von anderen Kontinenten zu Besuch gekommen zu sein. Das Café lädt uns zur ersten „Fütterung" ein. Hier, wo Wolf und Lamm sich Gute Nacht sagen, ist es einfach kleinwestfälisch-paradiesisch.

Wir setzen unseren Weg in Fahrtrichtung und

Entschleunigungstour 10

hinter dem Eingangsgebäude des Wildparks fort, umfahren die Schranke und folgen dem Hauptweg nach rechts und der **Wandermarkierung A 1.** Nun sind wir ganz vom Wald der Hohen Mark umgeben. Gemächlich steigt der Weg leicht an, um uns unterhalb des Granatbergs zum Rastplatz **Halterner Heck** ❷ zu führen. Hier erhalten wir die seltene Gelegenheit, einmal abseits von allem Lärm und Trubel nahezu die absolute Stille zu erfahren.

Weiter geht es der Markierung A 1 und dem roten Pfeil folgend nach links, bis wir den nächsten Ort der Ruhe und Besinnung erreichen: das Weiße Kreuz. Der religiös inspirierten Aufforderung „Rette Deine Seele" kommen wir auf unserer Tour bereits annähernd nach, denn auch wir radeln ja mit und für die Seele. Am Infopoint „Ein Wort für Dich" können wir uns zudem Zuspruch und Anregungen für den nächsten Tourenab-

Die Seele baumeln lassen

Tour de Hohe Mark

Kunst bei Tante Guste

schnitt holen. Dazu folgen wir zunächst weiterhin dem roten Pfeil nach rechts in Richtung Lippramsdorf. Wir befinden uns jetzt auf dem **Napoleonsweg,** der uns die nächste Zeit sicheres Geleit geben wird.

Dem Marschieren des Feldherrn gleich geht es schnurstracks und unbeirrt nahezu immer geradeaus. Wir Radler besitzen allerdings das Privileg, auf diesem Weg immer leicht bergab durch eine friedliche Baumlandschaft zu rollen, bis wir nach Durchfahren einer Lichtung kurze Zeit später auf einen Querweg stoßen. In diesen Forstweg biegen wir nach rechts ein, folgen durch Kiefern- und Fichtenforste der **Markierung A 7** und kreuzen nach 600 Metern den Torfweg. Nach weiteren 100 Metern geradeaus stoßen wir auf einen Asphaltweg, in den wir links einbiegen und weiterhin der Markierung A 7 folgen. Langsam hat uns die Zivilisation wieder, die uns kurz vor der **K 55** mit einem schönen, westfälischen Fachwerkhaus in Empfang nimmt. Ebenso einladend ist auf der anderen Straßenseite **Tante Guste ❸**, die uns in ihrem privaten Garten mit Kaltgetränken und Snacks willkommen heißt.

Der Napoleonsweg erinnert an die Grande Route, eine Heerstraße, die Napoleon für seine Armee von Paris bis Hamburg anlegen ließ. Bis vor wenigen Jahren stand hier die Napoleonsbuche, die der Kaiser Frankreichs auf seinem Marsch bewundert haben soll. Heute erinnert daran eine Gedenktafel.

Entschleunigungstour 10

Der Schlosspark Lembeck ist sehr sehenswert. Im Mai und Juni erfreut der englische Garten mit seinem farbenfrohen Rhododendronspektakel und anschließend mit seiner Rosenpracht. Auch die 200 Jahre alten Buchen im Schlosspark sind nicht nur im Herbst eine Augenweide.

Gegenüber befindet sich die alte Midlicher Mühle. Für eine kurze Besichtigung fragt man im Kiosk nach dem Schlüssel.

Nach unserem Zwischenstopp setzen wir unseren Weg auf der **Lippramsdorfer Straße/K 55** in Richtung Lembeck fort. Nachdem wir die Bahn überquert haben, biegen wir gleich links in die **Kippheide 75 und 66** ein. Parallel zur Bahn folgen wir dem Asphaltweg, der hinter einer Forstschranke in einen Schotterweg übergeht und uns unmittelbar danach nach rechts wie in die „Schlossallee" einbiegen lässt, die uns Pedalritter standesgemäß und auf direktem Wege auf **Schloss Lembeck** ❹ zuführt.

Das Schloss Lembeck wurde Ende des 17. Jahrhunderts recht originell errichtet und gehört zu den eigenwilligsten Wasserschlossbauten Westfalens. Denn die Vor- und Hauptburg, getrennt durch einen schönen Hausteich, werden durch einen schnurgera-

Wasserschloss Lembeck

Tour de Hohe Mark

den Weg durchzogen, der uns aus der Weite der Landschaft an das Palais heranführen und wieder in ihre Weite entschwinden lassen will. Das Schloss lohnt eine Besichtigung.

Wir kehren dem Schloss den Rücken, um nach wenigen Metern nach links unseren Weg in Richtung Lembeck fortzusetzen. Dabei geht es zunächst auf dem Radweg neben der mit uralten Eichen umsäumten **L 608** entlang, der uns, nach vorsichtigem Seitenwechsel, in grünes Unterholz führt und an der Hauptstraße **K 48** wieder auftauchen lässt. Noch einmal überqueren wir die Straße, wenden uns nach links und fahren direkt in den Ort hinein. Vor der St. Laurentius-Kirche biegen wir rechts in die Bahnhofstraße ein, um gleich wieder links in die Schulstraße einzufahren, die uns an ihrem Ende einem kulinarischen Höhepunkt zuführt. Das **Böhmer`s** ❺ erwartet uns nicht nur mit eigenem  Biergarten und einem stimmungsvollen Caféinterieur. Hier backt der Hausherr noch selbst. Martin Böhmer setzt dabei ausschließlich auf natürliche Aromen. Sein Apfel-Krokant-Kuchen ist einfach nur köstlich. Vielleicht ist ja auch noch Platz für ein kleines Stückchen Tiramsu.

Nach unserem Kuchengenuss biegen wir hinter dem Café und am Ende der Schulstraße nach rechts in die **Lippramsdorfer Straße** ein, passieren das Feuerwehrhaus, wechseln achtsam die Straßenseite und lassen uns unter der Unterführung hindurchrollen. Gleich danach biegen wir links, dem roten Pfeil folgend, in den Speckinger Weg ein, verlassen diesen hinter dem Bahnübergang nach links zugunsten des Haanewegs, um auf der nächsten Querstraße nach rechts abzubiegen. Spinat, Grünkohl und Rotkohl säumen erneut un-

Entschleunigungstour 10

seren Weg. Dann geht es noch einmal links in die Stegge und, die nächste Pause vor Augen, auf das **Restaurant Zum grünen Tal** ❻ des Midlicher Mühlenbachs zu. Hier erwartet uns Thomas Palitza mit traditionell polnischer Küche: Piroggi (polnische Maultaschen) und Rinderrouladen sind seine Spezialitäten und bieten eine gelungene Abwechslung zum westfälischen Speiseplan. Da auch gerne einmal Polnisch gesprochen wird, kann hier einigen Ruhrgebietlern auf der Suche nach heimatlichen Gefühlen regelrecht das Herz aufgehen. Polnisch essen im westfälischen Biergarten – ein gelungenes Beispiel für ein Europa der Regionen.

Nach unserer Pause setzen wir unseren Weg geradeaus fort und fahren über die **Rekener Straße/Dorfstraße/L 652** in den Ort Klein Reken hinein. An der St. Antonius-Kirche erinnert uns eine Skulptur an ein Stück Rekener Ortsgeschichte. Hier gab es in früherer Zeit den Funkenstein, an dem die Handwerker und Bauern ihre Äxte, Beile und Messer schärften. Gleichzeitig wurde der Stein zu einem Ort, an dem nicht nur die

Funkenstein in Klein Reken

Tour de Hohe Mark

Herbststimmung mit Rotkohlfeld

Funken flogen, sondern an dem die Dorfbewohner die Neuigkeiten rund um Reken austauschten. Wir folgen weiterhin dem roten Pfeil in Richtung Bahnhof Reken, unterqueren die Eisenbahnbrücke und lassen uns nach rechts immer parallel zur Bahnlinie langsam, aber sicher ausrollen. Denn der Bahnhof ist nicht mehr weit. Die Abfahrt des Zuges sollten wir jedoch noch etwas hinauszögern. Denn hier sind Kultur und Genuss Trumpf. Stefan Schmitz und sein Team heißen uns in ihrem elegant eingerichteten **Restaurant Bahnhof Reken** ❼ herzlich willkommen. Im Bahnhof Reken stehen regelmäßig musikalisch-kulinarische Veranstaltungen auf dem Programm. Die saisonal auf die Jahreszeiten abgestimmte Speisekarte erfreut sich ebenso wie im Sommer die schöne Bahnsteigsonnenterrasse größter Beliebtheit.

Vielleicht nehmen wir deshalb sogar erst den übernächsten Zug nach Hause …

Beim Thema Fleischreifung liegt der Bahnhof Reken im Trend. Im eigenen Dry Ager erfolgt die Trockenreifung am Knochen. Der spezielle Reifeprozess entzieht Wasser und aktiviert Enzyme. Das Fleisch wird zart, ebenso intensiviert sich der Geschmack.

Alles auf einen Blick

WIE & WANN:
Weitgehend autofrei, wechselhafter Belag, daher nicht bei Regen empfehlenswert, ansonsten sehr gut befahrbar; immer mal wieder kurze Anstiege, die problemlos bewältigt werden können, notfalls das Rad schieben

HIN & WEG:
Auto: Parken beim Bf Reken (GPS: 51.801874, 7.049710)

Entspannung ★★★★☆
Genuss ★★★★★
Romantik ★★★★☆

ÖPNV: Mit der Bahn bis Bf Reken (RB 45 Dorsten–Reken–Coesfeld, Der Coesfelder)

ESSEN & ENTSPANNEN:
Tante Guste ❸ Lippramsdorfer Straße 250, 46286 Dorsten,
Tel. (0 23 69) 7 72 36, www.lembeck.de/tanteguste
Böhmer´s ❺ Schulstraße 11, 46286 Dorsten-Lembeck,
Tel. (0 23 69) 9 80 85, www.boehmers-lembeck.de
Restaurant Zum grünen Tal/Zielona Dolina ❻ Stegge 54, 46286 Dorsten-Lembeck,
Tel. (0 23 69) 2 09 74 04, www.zielona-dolina-lembeck.de
Restaurant Bahnhof Reken ❼ Bahnhofstraße 35, 48734 Reken,
Tel. (0 28 64) 8 85 58 84, www.bahnhof-reken.com

ENTDECKEN & ERLEBEN:
Naturwildpark Granat ❶ Granatstraße 626,
45721 Haltern am See, Tel. (01 75) 3 76 73 86,
www.naturwildpark.de
Halterner Heck ❷
Schloss Lembeck ❹ Schloss 2, 46286 Dorsten-Lembeck,
Tel. (0 23 69) 71 67, www.schlosslembeck.de

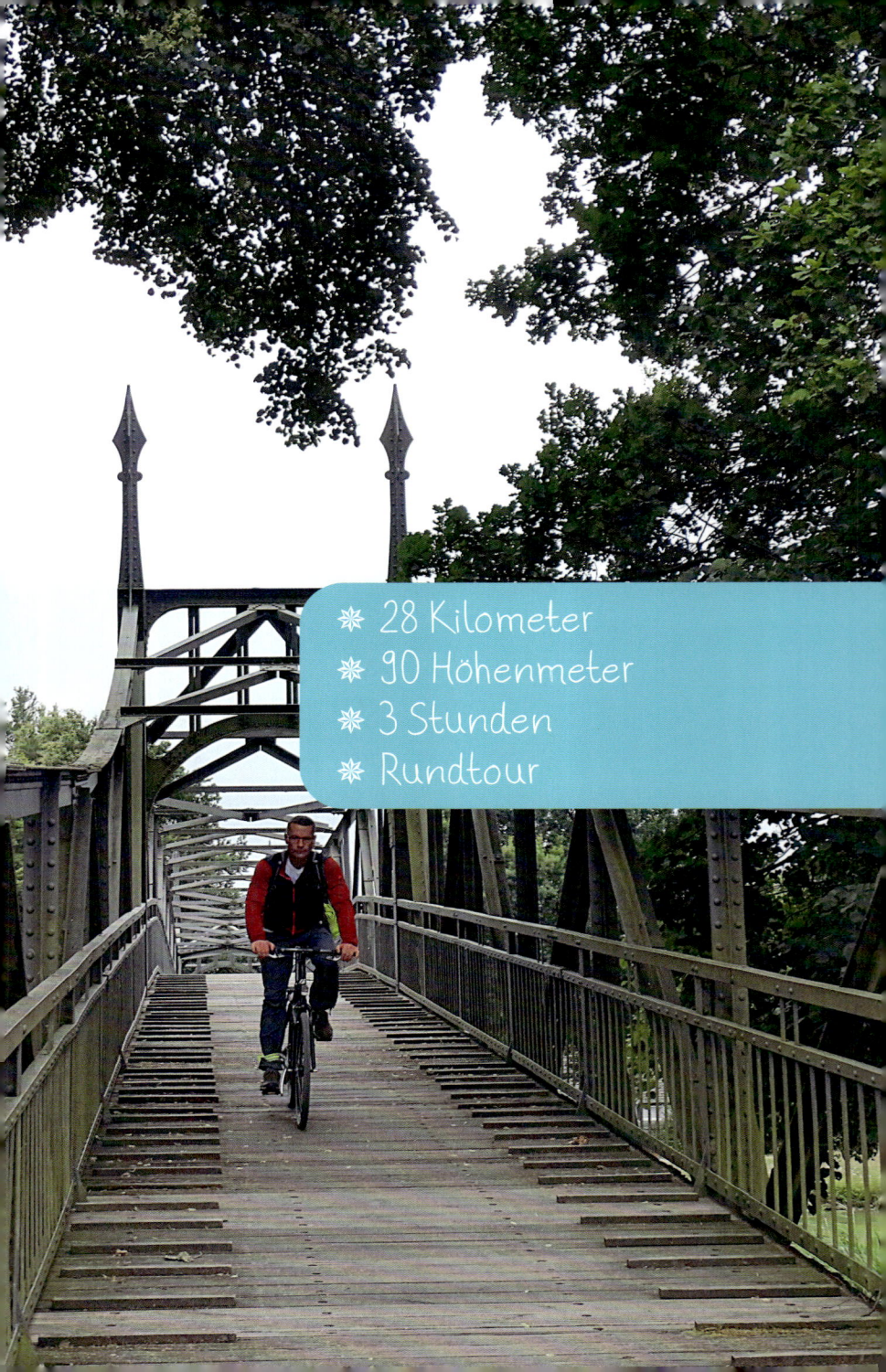

Erfrischungstour 11

Wir starten mit dem Rücken zum Bahnhofsgebäude nach links, folgen dem Zeichen des Bahnhof Klosterweges, nehmen die Überführung über die Hauptstraße L 833 und halten uns kurz danach gleich links, um in den autofreien Rad- und Fußweg einzufahren. Dieser Weg führt uns an der Bahn entlang, bis wir nach Überquerung der Hörsteler Aa und der K 38 an eine asphaltierte Querstraße gelangen. Diese nehmen wir nach links unter der Bahn hindurch und gelangen zu einer weiteren Querstraße, in die wir nach rechts einbiegen. Diese Oststraße führt uns weiterhin parallel zur Bahn über den Mittellandkanal hinweg. Die Kanalbrücke ermöglicht uns den ersten schönen Weitblick auf den hier beginnenden Höhenzug des Teutoburger Wal-

Brückentag!
Kreuz und quer am Nassen Dreieck

des. Gleich hinter der Kanalbrücke geht es rechts in den Schwarzen Weg, der uns durch das Naturschutzgebiet Alte Fahrt erneut zur Hörsteler Aa geleitet. Direkt hinter der Brücke und vor einer Gedenkstätte biegen wir links in ein schönes Pättken am Ufer ein, das uns bis zur zweiten Kreuzung bringt. Hier halten wir uns rechts und folgen dem roten Pfeil, die L 594 achtsam überquerend, bis zu unserem ersten Tourhöhepunkt, dem Kloster Gravenhorst ❶. An diesem „Kraftort" sollten wir unbedingt eine großzügige Pause einlegen. Das Café Clara ❷ bietet regionale Bio- und Fairtrade-Produkte, die man im Klosterinnenhof oder auf der Sonnenterrasse zu sich nehmen kann. Bedient wird man dabei von Menschen mit und ohne Handicap, da

Kloster Gravenhorst

Kreuz und quer am Nassen Dreieck

das Café zudem ein Integrationsbetrieb ist. Anschließend lädt uns das Kloster selbst zum seelischen Auftanken ein. Das ehemalige Zisterzienserkloster aus dem 13. Jahrhundert hat sich trotz vieler Überfälle und Zerstörungen seine spirituelle Atmosphäre bewahren können. Ein Abstecher in die wunderbare Klosterkirche St. Bernhard ist ebenso empfehlenswert wie der Besuch des Kunsthauses.

Wir setzen unsere Tour am Backhaus vorbei und in südlicher Fahrtrichtung dem roten Pfeil folgend fort. Dazu fahren wir zunächst auf die BAB 30 zu und biegen noch vor der Autobahn rechts in einen Waldweg ein, der uns immer parallel zur Autobahn zur K 17 führt. Auf diese biegen wir links ein, unterqueren die BAB 30, fahren auf dem straßenbegleitenden Radweg

Für die Seele
Wasser kann eine Brücke zur Seele sein.

leicht ansteigend an der Bushaltestelle Millionenbrücke vorbei und erreichen linker Hand den Parkplatz Am Steinbruch. Jetzt heißt es aufgepasst: Auf Höhe dieses Parkplatzes wechseln wir die Straßenseite, um gleich danach rechts den Weg direkt hinunter zum Nassen Dreieck ❸ zu nehmen. Am Zusammenfluss von Dortmund-Ems-Kanal und Mittellandkanal haben wir den Dreh- und Angelpunkt unserer Tour erreicht. Frachtkähne und Freizeitboote tummeln sich hier auf dem Wasser, und wir können erst noch etwas „Schiffe gucken", die heute zum Glück keine alten „Seelenverkäufer" mehr sind.

Unser Weg führt uns dann weiter auf der Dortmund-Ems-Kanalroute auf eine orangefarbene Brü-

Erfrischungstour 11

Schloss Surenburg

cke zu, die uns nach ihrer Unterquerung einen schönen Blick auf die Kirche St. Kalixtus ❹ im gegenüberliegenden Riesenbeck freigibt. Hinter der grüngrauen Riesenbecker Dorfbrücke lädt uns die Promenaden-Ufer-Bebauung zu einer weiteren Verschnaufpause ein. Vor der nächsten hellgrünen Brücke heißt es noch einmal aufgepasst: Hier folgen wir nach links dem roten Pfeil in Richtung Emsdetten, der uns nach wenigen Metern wiederum links in die entgegengesetzte Richtung sanft ansteigend auf Höhe des Glockenturms der Versöhnungskirche erneut auf die Riesenbecker Dorfbrücke zuführt.

Diese Brücke überqueren wir, um ganz entspannt auf die Dorfkirche und den gastronomiereichen Kirchhof zuzurollen. Für Kunstinteressierte beherbergt die St. Kalixtus-Kirche eine Seelendarstellung der besonderen Art: Die Grabmalplatte der heiligen Reinhildis, ein kostbares, romanisches Meisterwerk in Westfalen von 1150, zeigt einen Engel, der behutsam ihre Seele in Gestalt eines Kindes gen Himmel trägt.

> Von der Schönen Aussicht bietet sich ein beeindruckender Fernblick bis tief in die münsterländische Parklandschaft hinein. Vor der Versöhnungskirche geht es dazu nach rechts rund 550 Meter mit dem Rad und noch einmal bequeme (nur) 256 Sandsteinstufen bergauf.

Kreuz und quer am Nassen Dreieck

In Fahrtrichtung geht es über die Ampel geradeaus auf der Emsdettener Straße weiter, bis wir auf Höhe von Werksgaragen an den Stockhoff gelangen, in den wir rechts einbiegen, um am Ende der Straße auf Höhe der Bushaltestelle Surenburger Straße links in die L 590 und gleich wieder rechts in die Eichendorffstraße einzubiegen. Am Spielplatz wenden wir uns nach links und fahren auf die Katzenpension zu, um hier auf Höhe der Bushaltestelle Westring links in den gleichnamigen Wall einzufahren. Ab hier folgen wir dem roten Pfeil in Richtung Hörstel und nähern uns erneut der L 590 an, um kurz davor scharf nach rechts in eine herrliche Schlossallee einzubiegen, an deren Ende uns ein sehenswertes Wasserschloss erwartet.

Das Schloss Surenburg 5, erstmals 1474 erwähnt, ist ein dreiflügeliges Herrenhaus, an dessen Seitenflügel die muschelradbekrönten Dreistaffelgiebel besonders ins Auge fallen. Empfehlenswert ist eine kurze Umrundung dieses herrlich gelegenen Wasserschlosses.

Erfrischungstour 11

Klosterhof

Die Schlosseinfahrt vor Augen halten wir uns rechts, um diesen Ort über eine weitere schöne Allee mit dem roten Pfeil in Richtung Bevergern zu verlassen und mit ihr auf eine asphaltierte Querstraße zu stoßen. Dieser folgen wir linksherum, um über Großer Send und an einem kleinen See vorbei an eine weitere Querstraße zu gelangen. Mit dieser überqueren wir nach links die Bevergerner Aa, um gleich wieder rechts in einen idyllischen Uferweg einzufahren. Wir folgen dem Uferweg bis zu einer Holzbrücke, über der wir nach rechts dem rot-weißen Hinweisschild „Altstadt" bis zum Markt- und Kirchplatz folgen. Hier haben wir eine weitere Rast im **Klosterhof** ❻ verdient. Das Ehepaar Wagner verwöhnt uns mit selbst gebackenen Eierlikör- und Heidelbeerkuchen.

Nach der Kuchenpause lohnt noch ein Blick in die sehenswerte **St. Marienkirche** ❼ mit ihrer vom Gewölbe herabschwebenden Doppelplastik der Madonna und der Anna selbdritt im strahlenden Rosenkranz.

Wir setzen unseren Weg zwischen Café und Kirche bis zur Hauptstraße, die Lange Straße, fort. Dieser folgen wir nach links, um kurz hinter der Herrenstraße in das schöne Mühlenpättken einzufahren. Unter Bäumen erblicken wir Levedags Mühle, eine ehemalige Öl- und Walkemühle.

Am Ende des Pättkens biegen wir nach rechts in Im Hagen ein und lassen uns von einem Hauch von Holland umwehen, wenn wir unseren Weg hinter den Häusern am Wassergraben bis zum Merschteich fort-

Der Klosterhof war ab dem 17. Jahrhundert das Stadthaus der Stiftsdamen des Zisterzienserklosters in Gravenhorst. Da die Stadt von Soldaten bewacht war, wurde der Hof zum Zufluchtsort der Nonnen in Gefahr.

Kreuz und quer am Nassen Dreieck

setzen. Am Teich biegen wir nach links in die schöne Allee ab, die uns zu einer Gaststätte und Querstraße, der L 833, führt. Dieser folgen wir nach links bis kurz vor das gelbe Ortsschild, um auf Höhe der Brückenskulptur, die an die ehemalige Bevergerner Brücke erinnert und uns einen Vorgeschmack auf die beeindruckende Schleusen- und Brückenwelt am Teutostrang liefert, rechts in den Weg An den Schleusen (Sackgasse für Pkw) einzubiegen. Hier hat uns die Wasserwelt der Binnen- und Freizeitkapitäne wieder. Der Weg geht vorbei am Schifferheim und in einen Treidelpfad über, der uns bis zu der imposanten, historischen Fußgängerbrücke Bevergerner Steg führt. Über die Brücke gelangen wir zum roten Infopoint, der Red Box, die uns das eindrucksvolle Nasse Dreieck noch einmal durch einen überdimensionierten Bilderrahmen vor Augen führt.

Hinter der nächsten Brücke halten wir uns gleich rechts und kommen am Ufer entlang zur gleichnamigen Gaststätte Am nassen Dreieck ❽. Nach einer Pause geben wir noch einmal richtig „Kette". Zunächst geht es in entgegengesetzter Richtung auf demselben Weg am Ufer zurück und über dieselbe Brücke hinweg, um knapp vor der Eisenbrücke mit der Dortmund-Ems-Kanal-Route (DEK) nach rechts abzubiegen. So fahren wir erneut zwischen Neuarm vom DEK und Altarm vom DEK auf die L 833 zu. Hier biegen wir links und unmittelbar darauf wieder rechts ab, lassen uns weiterhin zwischen Neu- und Altarm von einer kleinen Eichenallee aufnehmen und zu unserer letzten kleinen Schleuse führen, die wir passieren, um hinter dem weißen Schleusenhäuschen nach links auf den Uferweg einzubiegen. Dieser führt uns unter einer blauen Brücke hindurch, hinter der wir unmittelbar nach rechts auf den Asphaltweg überwechseln und unseren Weg geradeaus parallel zum DEK fortsetzen. Wir fahren in die für Pkw, uns Radlern aber erlaubte Durchfahrt-Verbot-Straße bis zum ersten Parkscheinautomat, an dem wir nach rechts abbiegen und direkt an unser

Pättken oder Pättkes sind nach westfälischer Mundart Bezeichnungen für kleine Pfade, die nicht nur als Wirtschaftswege zu Feldern, Wiesen oder Mühlen führen, sondern auch als Kirch-, Kloster- und in neuerer Zeit als Radwege ihre Nutzer ans Ziel bringen.

Der Red-Box-Pavillon ist in Form einer Schleuse angelegt und bietet einen herrlichen Ausblick auf das Nasse Dreieck, das den Dortmund-Ems-Kanal und den Mittellandkanal zusammenführt und Nordsee, Ruhrgebiet und Berlin miteinander verbindet.

Erfrischungstour 11

Bahnhofsgastronomie XtraGleis

nächstes Ziel, den schönen **Toorfmoorsee** ❾, gelangen. Der See lockt uns mit großer Badebucht, Sandstrand und Liegestühlen. Bevor wir uns zumindest die Füße kühlen, empfiehlt es sich, den See zu umrunden, um die Vielfalt dieses Erholungsgebiets zu erfahren. Dazu wenden wir uns nach links und halten uns immer nah am Ufer. Den See fast umrundet, kommen wir zu einem Waldlehrpfad. Auf dessen Höhe wenden wir uns nach rechts, um an den Toilettenhäuschen und am Segelclub vorbei immer noch am Ufer entlang über eine kleine Brücke zum Badestrand oder zu unserer nächsten Raststätte, dem **Büdchen am See** ❿, zu gelangen, wo uns André Schwarz mit wohlschmeckenden Gerichten und einem tollen Seeblick empfängt.

Nach der Pause geht es auf demselben Weg zurück bis zum Toilettenhäuschen, hinter dem wir nach rechts abbiegen und uns am Ende des Parkplatzes wieder ganz dem roten Pfeil zurück in Richtung Hörstel anvertrauen. Der autofreie Schotterweg führt uns an **K 14** heran, in die wir nach links einbiegen, um die

Kreuz und quer am Nassen Dreieck

BAB 30 zu unterqueren. Unmittelbar hinter der Brücke wenden wir uns nach rechts, um zunächst parallel zur Autobahn weiterzufahren, bis uns am Bauhof vorbei die Talstraße auf Höhe eines Sandsteinhauses nach links in die Lehmstiege entlässt. Dieser folgen wir bis zur nächsten asphaltierten Querstraße, um an der Alten Glashüttenstraße links und sofort wieder rechts in die Sackgasse einzubiegen, die wir zur Bahnlinie hinunterrollen. An der Bahn lassen wir uns von der Rechtskurve aufnehmen. Links die Bahn, rechts viel Grün, kommen wir schon in kürzester Zeit an unseren Ausgangspunkt, den Bahnhof Hörstel, zurück, an dem wir uns ein letztes Mal im Café XtraGleis ⓫ mit Speisen und Getränken verwöhnen lassen dürfen. Hier können wir unsere Tour im besonderen Ambiente des restaurierten Bahnhofs geruhsam ausklinge(l)n lassen.

Am Torfmoorsee

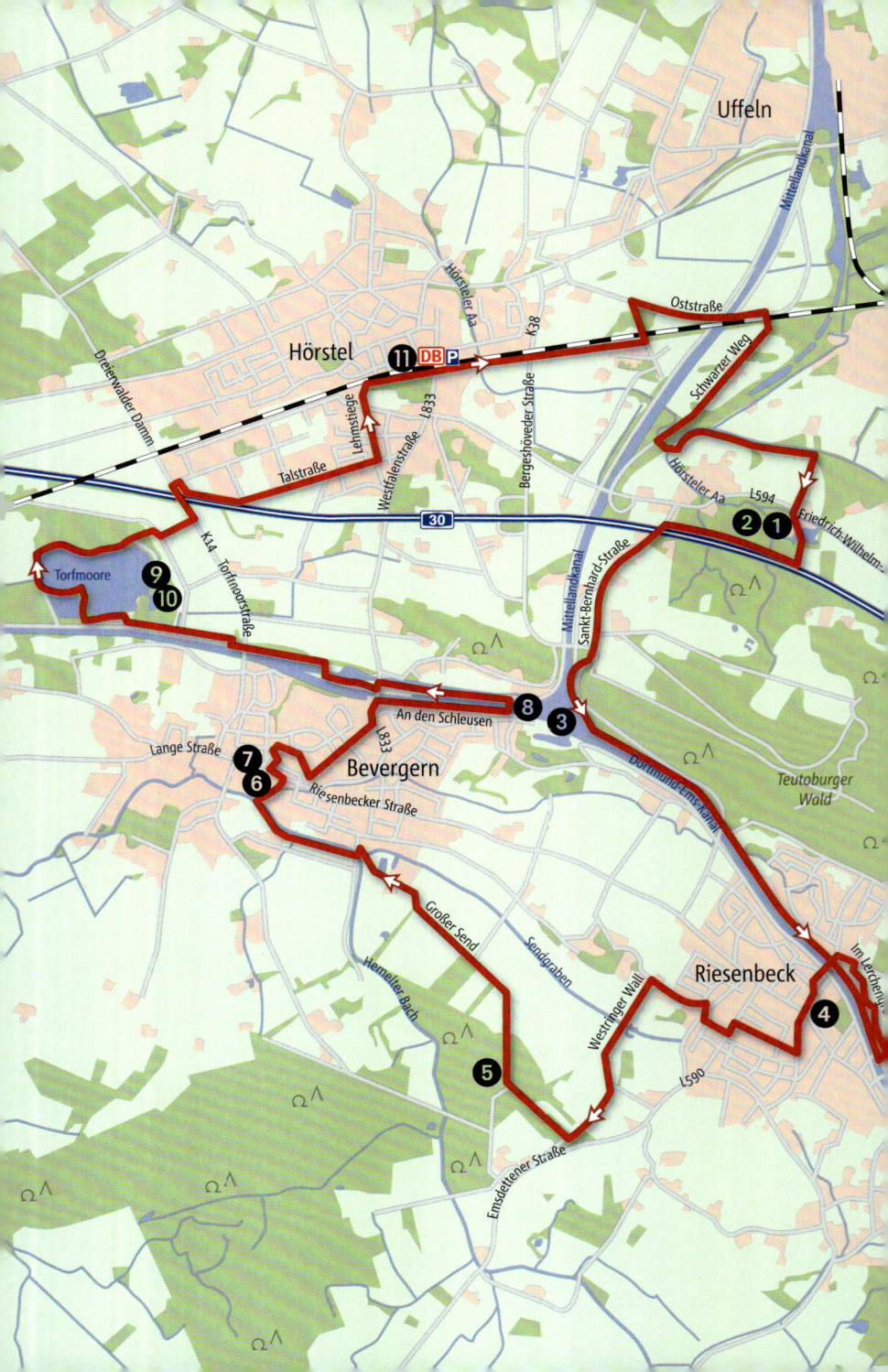

Alles auf einen Blick

WIE & WANN:
Ganzjährig befahrbar, überwiegend autofrei, trotz des Teutogebirges nur ein etwas längerer, aber seichter Anstieg, nahezu ausschließlich befestigte Wege

HIN & WEG:
Auto: Parken am Bf Hörstel (GPS: 52.295407, 7.590429)
ÖPNV: Mit der Bahn bis Bf Hörstel (RE 60 Rheine–Hörstel–Osnabrück–Hannover–Braunschweig, Ems-Leine-Express; RB 61 Hengelo–Rheine–Hörstel–Osnabrück–Bielefeld, Wiehengebirgsbahn)

ESSEN & ENTSPANNEN:
Café Clara ❷ Klosterstraße 10, 48477 Hörstel, Tel. (0 54 59) 9 06 93 10, www.cafe-clara-gravenhorst.de
Klosterhof ❻ Am Markt 2, 48477 Hörstel-Bevergern, Tel. (0 54 59) 9 72 70 47, www.cafe-klosterhof-bevergern.de

Entspannung ✸✸✸✸✸
Genuss ✸✸✸✸✸
Romantik ✸✸✸✸✸

Gaststätte Am nassen Dreieck ❽ Am Hafen 15, 48477 Hörstel, Tel. (0 54 59) 15 71, www.am-nassen-dreieck.de
Büdchen am See ❿ Am Torfmoorsee, 48477 Hörstel, Tel. (01 70) 9 96 09 30, www.buedchen-am-see.eatbu.com
Café XtraGleis ⓫ Bahnhofstraße 52, 48477 Hörstel, Tel. (0 54 59) 8 04 90, www.xtragleis.de

ENTDECKEN & ERLEBEN:
Kloster Gravenhorst ❶ Klosterstraße 10, 48477 Hörstel, Tel. (0 25 51) 69 42 00, www.da-kunsthaus.de
Nasses Dreieck ❸
Kirche St. Kalixtus ❹ Kalixtusstraße 2, 48477 Hörstel-Riesenbeck
Schloss Surenburg ❺ Surenburg 1, 48477 Hörstel-Riesenbeck, Tel. (0 54 54) 9 33 80
Kirche St. Marien ❼ Papenhoek 13, 48477 Hörstel-Bevergern, Tel. (0 54 59) 82 05
Torfmoorsee ❾

Stauseen bei Haltern

- 27 Kilometer
- 110 Höhenmeter
- 3 Stunden
- Rundtour

Erfrischungstour 12

Auf dem Bahnhofsvorplatz heißen uns die zwei blauen Springer in der Seestadt Haltern herzlich willkommen und lassen unseren Blick zur dahinterliegenden Fahrrad- und **Holtwicker Straße** gleiten, der wir am Joseph-König-Gymnasium vorbei folgen, um am Ende des Schulgeländes rechts in die Koeppstraße einzubiegen. Diese führt uns entlang des mit zahlreichen Skulpturen versehenen Kardinal-von-Galen-Parks und über die Rochfordstraße hinweg zum Brunnen mit Rädern. Ab hier müssen wir kurz von denselbigen absteigen und diese für einige Meter geradeaus durch die Einkaufsstraße schieben, sodass wir noch schnell ein wenig Proviant in der Bäckerei auf der linken Seite für ein Seepicknick einkaufen kön-

SeenSucht
Halterner See(le)nlandschaft

nen. Wir gelangen zum schönen Marktplatz, den wir uns jedoch für den Rückweg aufsparen und gleich halb rechts auf Höhe des Buchladens zugunsten der Lippstraße verlassen. Diese führt uns an einer Ampelkreuzung über den Friedrich-Ebert-Wall hinweg direkt auf eine Kuhskulptur zu, an der wir auf den breit angelegten Rad- und Fußweg wechseln, die blau gestrichene Bahnunterführung unterqueren und direkt danach mit einem kleinen Links-rechts-Schwenker auf die herrliche, mit einem blauen Pflasterband versehene Allee einfahren, die uns im Zuge des Landesprojekts „Der See schlägt Wellen" behutsam an unser erstes Gewässer „spülen" möchte. So gelangen wir bereits am Alleenende an den **Halterner Stausee** ❶,

Erfrischungstour 12

Mit dem Projekt „Der See schlägt Wellen" wurde eine kreative Anbindung der Altstadt an die Seenlandschaft geschaffen. Das blaue Pflasterband gibt dabei den Weg vor. Die begleitenden „wellenschlagenden Rasenflächen" laden zur spielerischen Bewegung ein.

der die nächste Zeit unser steter und treuer Begleiter sein wird.

Wir setzen unseren Weg über das Walzenwehr fort, vorbei am schönen Strandbad und ein Stück parallel zur **B 58**. Auf der Höhe vom Biergarten **Jupp unner den Böcken** ❷ verlassen wir diese nach links. Zunächst aber laden uns die Enkelinhaber von „Jupp", Martina und Todi Geldmann, herzlich zu einer Pause ein, in dem jeder seine Nische, ob im Fass, in einer Seilbahngondel oder einfach auf der Terrasse unter freiem Himmel mit herrlicher Aussicht findet. Vielleicht mundet uns auch schon ein kleines Böckenbier, das nur bei „Jupp" in drei 50-Liter-Sudkesseln als Craft-Getränk original mit Halterner Wasser gebraut wird.

Weiter geht es immer am Ufer entlang, bis der Hauptweg am Naturschutzgebiet Seebucht Hohe Niemen eine scharfe Rechtskurve einschlägt, um uns durch ein idyllisches Waldstück hindurch zur **L 652** mit Fußgängerampel zu bringen. Auf der anderen Straßenseite halten wir uns kurz rechts, um nach rund 50 Metern an der Gaststätte links auf den Parkplatz Steverbucht zu- und am Bikertreff vorbeizufah-

Haltener See(le)nlandschaft

ren. Am Ende des Parkplatzes nehmen wir den Waldweg, der uns nach kurzer Zeit an die von Buchen umsäumte **Stever** ❸ führt und damit in einen idyllischen Uferweg übergeht. Diese herrliche Wald-Fluss-Atmosphäre lädt uns auf einer der vielen Bänke nicht nur einmal zum Verweilen ein. Hinter dem Bootsverleih- und -haus verlassen wir den Uferweg nach links am Rasenparkplatz vorbei, um nach rund 200 Metern an einem weiteren Parkplatz auf eine Querstraße zu stoßen. Diese nehmen wir linksherum und halten uns hinter der Gaststätte scharf halb rechts, um nun auf einem Schotterweg dem roten Pfeil in Richtung Olfen bzw. der **Wandermarkierung X 1** zu folgen. Schon hat uns der See wieder.

Die Stever zeigt uns kurz vor ihrer Mündung in den Hullerner Stausee, wie sie sich vor der Regulierung ursprünglich in engen Mäandern durch den Landstrich gewunden hat und naturgemäß von alten Bäumen gesäumt wurde.

✿ Für die Seele

In dieser Landschaft gibt es viel See(le)nverwandtschaft.

Steveridylle

Erfrischungstour 12

Hullerner Stausee

Wir radeln ganz entspannt immer am aussichtsreichen Ufer des **Hullerner Stausee** ❹ entlang, können dabei an wunderbaren Buchten Pausen einlegen, die Ausblicke genießen und Ausschau nach den vielen Wildgansfamilien halten. Auch die Kapellen am Weg laden zur Betrachtung ein. Unser Uferweg stößt auf einen Querweg, den wir linksherum nehmen, um uns nach rund 200 Metern an der nächsten Einmündung dem schönsten und höchstgelegenen **Picknickplatz** ❺ in der Seenlandschaft anzunähern. Hierzu nehmen wir den mittleren, leicht ansteigenden Weg den Hügel hinauf. Oben sind Sitzgruppen, die uns zu einer ausgiebigen Rast und zum Rundblick über Wasser einladen. Sollte uns der Wind zu sehr um die Nase pusten, rollen wir den Hügel auf demselben Weg wieder hinab, folgen dem roten Pfeil rechtsherum in Richtung Dülmen, überqueren eine grüne Brücke und finden gleich darauf unmittelbar am See einen weiteren schönen Picknick-Pausen-Platz.

Nach unserer Rast gelangen wir an eine Kreuzung mit Schutzhütte, an der wir links in den Weg mit der

Haltener See(le)nlandschaft

Wandermarkierung A 2 einbiegen, um nach einer Rechtskurve auf ein rotes Haus zuzufahren. Hier geht es links herum, um nach rund 1 Kilometer wieder links hinter einer Schranke unseren Weg (Für Pferde verboten, für unsere Stahlrösser aber erlaubt!) fortzusetzen. Erneut gelangen wir in Ufernähe und können immer wieder an kleinen Aussichtspunkten verschnaufen, um die ausgiebige Sicht auf den See zu genießen. Wir kommen zu einer Schranke, hinter der wir links in den schnurgeraden Weg einbiegen, um diesen hinter der nächsten Seebucht nach rund 200 Metern gleich wieder nach links zu verlassen und auf eine grüne Brücke zuzufahren. Hier gelangen wir an die uns bereits bekannte Stever zurück, die wir nicht überqueren; stattdessen wenden wir uns nach rechts, um in Richtung Jugendherberge zu fahren. Vorbei an einigen kreativ gestalteten Wochenendhäusern geben die Bäume immer wieder die Sicht auf die schöne Stever frei. So werden wir gewahr, dass wir am anderen Ufer angekommen sind. Den bereits vertrauten Flussabschnitt können wir noch einmal im

Rast unter Bäumen

Wassermühle Sythen

Erfrischungstour 12

Die Borkenberge, ein ehemaliges Militärgelände, sind heute ein ausgewiesenes europäisches Vogelschutzgebiet, in dem sich neben Heidelerche, Blaukehlchen, Ziegenmelker oder Neuntöter viele weitere gefährdete Tier- und Pflanzenarten finden.

Das Haus Sythen war vormals eine Fliehburg, es wurde schon zu karolingischer Zeit im Jahr 758 unter König Pippin erwähnt und ist heute ein soziokulturelles Zentrum, das von einem bürgerlichen Förderverein sehr gelungen gehegt und gepflegt wird.

Alten Garten ❻ geschmacklich genießen, vor allem, wenn in dieser Gaststätte jeden ersten Samstag im Monat Geräucherte-Forellen-Tag angesagt ist.

Danach müssen wir vom Flusslauf Abschied nehmen, indem wir in Fahrtrichtung auf die L 652 zufahren, diese vorsichtig nach rechts hin überqueren, um nach rund 200 Metern links in den Seeuferweg einzubiegen. Jetzt hat uns der Haltener Stausee für rund 700 Meter wieder. Dann verlassen wir ihn nach rechts, dem roten Pfeil nach Sythen folgend, für die nächste Zeit. Am Ende des ehemaligen Kreisjugendzeltplatzes biegen wir nach links auf eine breite, vormals von Panzern genutzte Straße ein, die nun uns friedfertigen und -liebenden Radfahrern („Lieber Fahrrad- als Panzerkette!") vorbehalten ist. Hier nehmen wir am Fuße der Borkenberge radelnd eine kleine, landschaftliche Auszeit, um uns dann nach See und Fluss noch einem weiteren, dem kleinsten Gewässer unserer Tour zuzuwenden: dem Mühlenbach.

Doch zunächst fahren wir am Ende der ehemaligen Militärstraße nach links auf die K 16 ein, die uns direkt zum Schloss Sythen ❼ bringt.

An der K 16 gegenüber findet sich eine weitere Sehenswürdigkeit, eine bestens erhaltene Wassermüh-

Kapellenflügel von Schloss Sythen

Haltener See(le)nlandschaft

Café Sahnehäubchen

le, die schon seit Jahrhunderten am rauschenden Mühlenbach klappert. Am Donnerstagnachmittag „is de Müel loss", dann überraschen uns die Mühlenfrauen mit selbst gebackenem Kaffee und Kuchen.

Und noch ein weiteres Sahnehäubchen ❽ wartet auf uns: Das gleichnamige Café erreichen wir in Richtung Ortsmitte über den Stockwieser Damm. Hierzu überqueren wir die Bahnlinie, halten uns unmittelbar auf der Thiestraße links und biegen auf Höhe eines Discounters rechts ab, um am Ende des Parkplatzes unser kulinarisches Ziel zu erreichen. Hier erwartet uns Frauke Sträter mit einer erlesenen Teeauswahl und ihrem nach Landfrauenart gebackenen, weithin bekannten Apfelkuchen.

Mit der Möwe übern See

Haltener See(le)nlandschaft

Unseren Weg setzen wir über die Thiestraße hinter dem Discounter nach rechts fort, gelangen zum Kreisverkehr, nehmen die zweite Ausfahrt und biegen unmittelbar nach links in den Düsternweg ab. Vor der Kapelle zur Heiligen Familie entscheiden wir uns für die linke Alternative, die uns einer typisch westfälischen Bauernschaft, Uphusen, zuführt. Auf Höhe des Bildstocks Maria Dolorosa wenden wir uns nach links und vertrauen uns wieder dem roten Pfeil an, um bei nächster Gelegenheit nach rechts abzubiegen. Durch Felder gelangen wir nahe an ein Gewerbegebiet heran, das wir, weiterhin dem roten Pfeil folgend, am Ende eines Feldes nach links verlassen, um uns gemächlich und ganz entspannt zum See und in die Mühlenbachbucht 9 hinunterrollen zu lassen. Dazu müssen wir noch einmal vorsichtig die K 31 über- und die Eisenbahn unterqueren. Danach will uns der kleine Mühlenbach groß überraschen. Über die Strandallee gelangen wir auf eine Insel, auf der wir links auf der Höhe von „Kombüse" und „Kajüte" einer Schwimmbrücke mit rotem Belag gewahr werden, die uns an einen Sehnsuchtsort im Bachdelta führen möchte. Hier können wir bei gutem Wetter das eiländische Buschwerk langsam und genussvoll umrunden und an der Verzweigung des Baches unsere Seele ungestört nachfließen lassen.

Sollte uns eher danach sein, uns anderweitig treiben zu lassen, können wir uns hinter der „Kombüse" der „Möwe" zuwenden. Das Fährgastschiff lädt uns ein, einen geruhsamen und radlosen Blick vom See aus auf die herrliche Uferlandschaft zu werfen. Dann geht es die Strandallee zurück, um noch vor der Bahn nach links dem roten Pfeil in Richtung Haltern zu folgen. Am Westuferpark vorbei gelangen wir an die uns bereits bekannte „blaue" Bahnunterführung, unterqueren diese nun nach rechts und kommen auf demselben „wellenwogenden" Weg zum schönen Marktplatz zurück. Hier können wir noch einen Blick auf das Rathaus und in die St. Sixtus-Kirche werfen. Dann geht es zurück zum Bahnhof.

Alles auf einen Blick

WIE & WANN:
Überwiegend autofrei, abwechselnde Asphalt- und Schotterwege, daher bei Regenwetter eher zu meiden; am besten von April bis Oktober, bei trockenem Wetter auch in den kälteren Jahreszeiten

HIN & WEG:
Auto: Parken am Bf Haltern (GPS: 51.737112, 7.181566)
ÖPNV: Mit der Bahn bis Bf Haltern am See
(RE 2 Osnabrück–Münster–Haltern–Essen–Düsseldorf, Rhein-Haard-Express; RE 42 Münster–Haltern–Essen–Mönchengladbach, Niers-Haard-Express; S-Bahn S 9 nach Essen)
Fahrradverleih: Radstation der Jugendwerkstatt Haltern gGmbH, Roost-Warendin-Platz 3, 45721 Haltern am See, Tel. (0 23 64) 9 30 22 13

Entspannung ✸✸✸✸✸
Genuss ✸✸✸✸✸
Romantik ✸✸✸✸✸

ESSEN & ENTSPANNEN:
Jupp unner den Böcken ❷ Hullerner Straße 107, 45721 Haltern am See, Tel. (0 23 64) 52 16, www.juppamsee.de
Alter Garten ❻ Stockwieser Damm 277, 45721 Haltern am See, Tel. (0 23 64) 5 04 95 84, www.altergarten-haltern.de
Sahnehäubchen ❽ Marktstraße 4, 45721 Haltern am See, Tel. (01 73) 9 33 31 35

ENTDECKEN & ERLEBEN:
Halterner Stausee ❶
Steverlandschaft ❸
Hullerner Stausee ❹
Picknickplatz am Hullerner Stausee ❺
Schloss Sythen ❼ Stockwieser Damm 25, 45721 Haltern am See, Tel. (0 23 64) 63 55, www.schloss-sythen.de
Mühlenbachbucht ❾

- 41 Kilometer
- 90 Höhenmeter
- 4 Stunden
- Rundtour

Blumenschmuck im Stadtpark

Erfrischungstour 13

Vom **Bahnhofsvorplatz** aus fahren wir auf das historische Verwaltungsgebäude des Textilunternehmens Van Delden zu, halten uns rechts und radeln auf Höhe der Arbeitsagentur in die Bahnhofsstraße ein. Ab hier folgen wir unbeirrt dem roten Pfeil an der sanft dahinfließenden Dinkel entlang in Richtung Epe. Nur einmal müssen wir aufpassen, um am Ende des Theodor-Heuss-Platzes nicht den schmalen Durchlass kurz hinter dem Übergang von der Enscheder Straße in die Neustraße zu verpassen. Danach geht es zunächst am linken Ufer weiter, damit wir an der nächsten Brücke unseren Weg am rechten Ufer fortsetzen. Nach der Unterführung heißt es bereits zum ersten Mal Stopp: beim **Stadt- und Tierpark** ❶ mit seiner Wasserfontäne

Kultur nah der Natur
Durch Gronaus grüne Auen

und dem angrenzenden Affenhaus und Streichelzoo. Wieder aufs Rad gestiegen, nimmt uns gleich die Weite der Natur auf. Vor der **B 54** wechseln wir die Uferseite, kurze Zeit danach erneut, um hinter dem gelben Ortsschild von Epe nach rechts abzubiegen. Am Ortsrand entlang nähern wir uns den Sportschützen „Hubertus", um auf deren Höhe nach links und sofort wieder rechts abzubiegen. Wir folgen Zum Brookacker, der in den Dinkelblick übergeht, den wir in Kürze wieder schweifen lassen werden. Unser Weg führt uns nur noch eine kurze Strecke parallel zur Eisenbahn und unter der Bahn hindurch, und schon umgibt uns wieder herrlichstes Wasserspiel. Rechts quirlt und sprudelt die Dinkel, links liegt der **Gemeindepark** ❷ mit

Durch Gronaus grüne Auen

Springbrunnen, altem Baumbestand, schönen Alleen und bemerkenswerten Steinskulpturen.

Am Sportplatz vorbei fahren wir nach rechts über den Parkweg in den Ort hinein und kommen zur L 566, die wir vorsichtig nach links überqueren. Hier bieten sich verschiedene Lokalitäten „in Sichtweite" für eine erste Pause an. Weiter geht es auf der L 566 nur kurz, um vor dem Kardinal-von-Galen-Denkmal mit dem roten Pfeil in Richtung Ochtrup nach rechts in die Mühlenstiege einzubiegen. Gleich erneut nach rechts überqueren wir an der alten Wassermühle wiederum die Dinkel und setzen unseren Weg am rechten Ufer fort. Neue Dinkelsteine säumen unseren Pfad bis zur nächsten Brücke, die wir überqueren, um auch hier gleich wieder nach rechts in den Uferweg einzubiegen.

Auf der Dinkelsteinroute zwischen Gronau-Epe und Neuenhaus bilden künstlerisch bearbeitete, monumentale Steinrohlinge seit der Landesgartenschau Gronau-Losser 2003 ein grenzüberschreitendes Band entlang des Flüsschens Dinkel, die bei Neuenhaus in die Vechte mündet.

❀ Für die Seele

Venn, Moor und Auen – hierauf kann die Seele bauen.

Am Ende des Freibads halten wir uns links, kommen am Kanu-Sport-Verein vorbei und geben Obacht: Direkt hinter den grünen Zäunen fahren wir über die kleine Waldweg-Kreuzung geradeaus hinweg, dann halb rechts auf ein rotes Backsteinhaus zu und folgen dem gewundenen Hauptweg durch einen sehr idyllischen Waldabschnitt, bis wir auf Höhe des Reit-Zucht-Fahrvereins Epe auf einen Asphaltweg stoßen. In diesen biegen wir nach rechts ein und können uns nun für die nächsten rund 3,5 Kilometer, immer dem roten Pfeil in Richtung Nienborg folgend, entspannt im Fahrradsessel zurücklehnen. Nahezu geradeaus durch eine schöne, mit Bauernhöfen gespickte Landschaft gelangen wir zu einer lang gezoge-

Erfrischungstour 13

Naturlehrpfad

nen Linkskurve, die uns an die A 31 heranführt. Kurz vor dem Ende der Kurve biegen wir rechts in den Schotterweg ein, der uns parallel zur Autobahn, weiter dem roten Pfeil folgend, im Naturschutzgebiet Dinkelaue mit Oldemoels Venneken auf einen sehr ansprechenden Naturlehrpfad ❸ am Ufer der Dinkel treffen lässt. 20 wetterfeste Tafeln lassen uns hier der Dinkel immer näher kommen. Der Tieflandfluss mit seinen steilen Hängen und geringem Gefälle ist ein optimaler Lebensraum für viele Tier- und Pflanzenarten. Unser Weg führt unter der Autobahn hindurch, sodass wir uns kurz „nach dem Auftauchen" und vom Straßenlärm weg gleich rechts in den Schotterweg begeben, der uns geradewegs in den Ort führt. An der Bushaltestelle Seppelfricke wenden wir uns nach rechts, kommen an der schönen Wassermühle vorbei, nehmen in der Bäckerei vielleicht noch einen Kaffee und ein belegtes Dinkelbrötchen zu uns und folgen der Hauptstraße bis zum Pfarrheim am Burgtor, um wie standesgemäße (Pedal-) Ritter durch das steinerne Torhaus auf den herrlichen Burghof zu radeln.

Durch Gronaus grüne Auen

Die Burg Nienborg ❹ wurde 1198 gegründet und von bis zu 30 Burgmännern bewohnt, die im Auftrag des Burgherrn die Burg zu bewachen hatten. Im mächtigen Befestigungsring waren ihre Burgmannssitze entlang der Burgmauer gereiht. Erhalten geblieben sind die Häuser Keppelborg und Hugenroth, das Lange Haus und das Hohe Haus. Ein Blick in die St. Peter und Paul-Kirche mit beachtenswerten Skulpturen ist ebenso lohnenswert.

Vom Burgplatz und den fünf Linden aus folgen wir dem roten Pfeil in Richtung Ahaus, überqueren zwei Brücken, um unmittelbar danach rechts in Richtung Gronau abzubiegen und dem Schotterweg bis zum Asphaltweg zu folgen. Hier biegen wir scharf links in den Schotter- und Wanderweg X 6 ein und folgen dem gelben Fahrradhinweis. Wir überqueren geradeaus die L 574 und fahren auf die A 31 zu, die wir rechtsherum unterqueren, um an einer Schutzhütte links in die asphaltierte Querstraße einzubiegen. Ab hier hat uns die Weite des Münsterlandes wieder, und wir können uns geruhsam dem sanften Wechsel von Wald und Flur hingeben. An der nächsten Kreuzung wenden wir uns nach rechts, um mit dem Wessumer

Torhaus in Nienborg

Erfrischungstour 13

Hefflers Kotten

Damm bis zu einem in Rot- und Grünfarben gehaltenen Hof zu gelangen, hinter dem wir geradeaus dem Anthornshook folgen. Wir sind in der Ortschaft Ahle und begegnen nun einigen typisch münsterländischen Bauernhöfen. An der nächsten Querstraße auf Höhe einer Bushaltestelle halten wir uns rechts, um nach einer Links-rechts-links-Kurve zu einem Sportplatz zu gelangen, an dem wir rechts in die Wittenbergstraße abbiegen. Dieser folgen wir bis zur nächsten Kreuzung und hier linksherum dem Graeser Weg über die Bahnlinie Gronau–Dortmund hinweg, um hinter der Brücke der Ahauser Aa auf der Höhe der Bushaltestelle Terbeck um fünf Eichen herum rechts in die Stegge einzufahren. An der nächsten Kreuzung hinter der Bushaltestelle Feldmann geht es links, bis wir kurze Zeit später an die **K20** gelangen, die uns auf dem straßenbegleitenden Fahrradweg nach Graes hineinführt. Graes ist klein, aber – vor allem sonntags – groß in Gastronomie. So gelangen wir gleich hinter dem Friedhof zum schönen **Bauerncafé Lanksemann** ❺. Ein ehemaliger Milchviehstall wurde zu einem gemütlichen Bauernhofcafé mit Biergarten umgebaut, das mit hausgemachtem Kuchen oder einem Teller mit

Durch Gronaus grüne Auen

Hausmacher Wurst und Schinken zur wohlverdienten Pause einlädt. Etwas weiter geradeaus über die Hauptstraße hinweg und an der St. Josefs-Kirche vorbei finden wir zudem das nette, gepflegte **Heimathaus Hefflers Kotten** ❻ mit Sonntagscafé.

Wo auch immer wir uns gestärkt haben, weiter geht es in Fahrtrichtung geradeaus die K 20 entlang bis zum Bildstock und zur Bushaltestelle Sudhues, um hier rechts in den etwas versteckt liegenden Brink einzubiegen. Nach rund 700 Metern biegen wir hinter der Brücke rechts ab. Die Bank am Ufer bietet für uns den Auftakt für weitere kleine Verschnaufpausen an naturnahen Rastplätzen auf unserem Weg ins Naturschutzgebiet Amtsvenn und Hündfelder Moor. Hier kann die Seele zur Ruhe kommen. Das Venn ist auch ein Vogelschutzgebiet und das bedeutsamste Moorgebiet im nordwestlichen Westfalen. Der einzigartige Charakter einer weitgehend offenen Moorlandschaft ist so nur hier erhalten geblieben. So haben sich zahlreiche stark gefährdete Vogelarten wie das Blau- und Schwarzkehlchen, Tüpfelsumpfhuhn, Ziegenmelker und die Knäk- und Krickente halten können. Es sollten auf jeden Fall

Das Venngebiet zwischen Gronau und Ahaus besitzt riesige Salzvorräte. Jährlich werden hier über 2 Millionen Tonnen Kochsalz gewonnen. Das Salz selbst wird ausgeschwemmt. Es entstehen dabei Hohlräume (Kavernen), die heute Lagerstätten für Erdöl- und Erdgasvorräte sind.

Alter Schafstall

Erfrischungstour 13

die Bestimmungen des Naturschutzes, niederländisch „Vogelhabitatrichtlijn", beachtet werden.

Es geht zunächst geradeaus nach Norden weiter. Hinter der Bushaltestelle Hüntler nehmen wir die asphaltierte Querstraße nach rechts, um an der nächsten Kreuzung auf Höhe der Bushaltestelle Hövel nach links abzubiegen und erneut dem roten Pfeil in Richtung Gronau zu folgen. Dazu geht es wiederum an der nächsten Kreuzung an der Bushaltestelle Epping nach rechts weiter. Wir bewegen uns nun einige Zeit auf der Flamingoroute fort.

Der Weg führt uns geradeaus an der links im Hintergrund liegenden Salzgewinnungsgesellschaft Westfalen vorbei und über die K 25 hinweg, bis wir mit dem Moorhofweg zu einer **Vogelaussichtskanzel** ❼ im Naturschutzgebiet Epe-Gaeser-Venn gelangen. Hier können wir uns „auf Augenhöhe" mit den Vögeln begeben. Nach unserem Aufenthalt in luftiger Höhe setzen wir unseren Weg in Fahrtrichtung fort, um an der Vorfahrtstraße nach links in den Markengrund abzubiegen und eine Erdgasspeicheranlage zu passieren. An der Vorfahrtstraße fahren wir rechts in den Schlamannweg ein, folgen diesem an Kavernen (Hohlräumen) und am Lauftreff des TV Westfalia Epe vorbei bis zu einem gelben Buswarteunterstand, hinter dem wir links in den Harreweg einbiegen. Diesem folgen wir bis zur Hausnummer 14, an der wir uns links halten, um die nächste Zeit immer geradeaus entspannt durch die Bauernschaft Sunderhook zu radeln. Nach Überqueren der L 566 gelangen wir auf Höhe von Haus Kottiger Hook 34 an eine Abzweigung mit Bushäuschen. Hier entscheiden wir uns für die mittlere Alternative und gelangen nach rund 1 Kilometer zur B 54. Kurz vor der Bundesstraße biegen wir rechts ab, fahren auf ein Gatter zu und biegen hier links in den kleinen, mit einer „98" gekennzeichneten Pfad ein, der

Die Flamingoroute führt über 450 Kilometer durch zahlreiche Vogelschutzgebiete und ist nach den großen, rosa Vögeln benannt, die man im Sommer im Zwillbrocker Venn sieht. Der Flamingo ist ein Sinnbild für die Seele.

Durch Gronaus grüne Auen

uns unter der Bundesstraße hindurch zu einer Querstraße führt. Dieser folgen wir rechtsherum und gelangen an die Dinkel zurück. Hier kennen wir uns aus, denn hinter der Brücke geht es nach links auf demselben Weg zurück in die Innenstadt Gronaus. Auf dem Bahnhofsvorplatz vor dem Van-Delden-Haus könnten wir noch einmal rechts abbiegen, um auf das Konterfei von Gronaus berühmtestem Sohn, Udo Lindenberg, zuzufahren und das Rock´n Pop-Museum ❽ zu besuchen.

Hier bekommen wir Musikgeschichte zum Anfassen geboten. Sollte die akustische Energiezufuhr nicht ausreichend sein, können wir nach unserer langen Tour natürlich auch noch unseren Elektrolythaushalt ausgleichen. Hierzu fahren wir auf das Bahnhofsgebäude zu und durchqueren nur noch einmal die Bahnunterführung für Fußgänger und Radfahrer nach rechts, um im „bayerischen" Hofbräugarten ❾ eine Maß Limonade zu stemmen und mit einer Brezel unsere Salzvorräte aufzufüllen.

Jährlich findet seit 1989 Ende April das über die Grenzen hinaus bekannte und viel beachtete Jazzfestival statt, auf dem in der Gronauer City an mehreren Tagen ein Mix aus Jazz, Blues, Soul, Swing, Funk, Hip-Hop und Pop auf bestem Niveau geboten wird.

Rock 'n-Pop-Museum

Alles auf einen Blick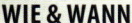

WIE & WANN:
Ganzjährig bei nahezu jedem Wetter befahrbar; empfohlen wird ein Sonn- oder Feiertag, ansonsten bitte Proviant mitnehmen

HIN & WEG:
Auto: Parken beim Parkplatz Elefant am Bahnhof (GPS: 52.213930, 7.023935)
ÖPNV: Mit der Bahn bis Bf Gronau (RB 51 Dortmund–Gronau–Enschede, Westmünsterlandbahn; RB 64 Münster–Gronau–Enschede, Euregiobahn)
Fahrradverleih: Radstation Gronau, Bahnhofstraße 45, 48599 Gronau, Tel. (0 25 62) 71 08 81

ESSEN & ENTSPANNEN:
Bauerncafé Lanksemann ❺ Stegge 56, 48683 Ahaus-Graes, Tel. (0 25 61) 17 31
Heimathaus Hefflers Kotten ❻ Alstätter Straße 9, 48683 Ahaus-Graes, Tel. (0 25 61) 4 44 77 36, www.heimatverein-graes.de
Hofbräugarten ❾ Fabrikstraße, 48599 Gronau, Tel. (0 25 62) 6 00 26 52, www.hofbraeugarten.de

Entspannung ✹✹✹✹✹
Genuss ✹✹✹✹✹
Romantik ✹✹✹✹✹

ENTDECKEN & ERLEBEN:
Stadt- und Tierpark Gronau ❶ Am Stadtpark, 48599 Gronau, Tel. (01 75) 1 81 93 8
Gemeindepark Epe ❷ Parkweg, 48599 Gronau-Epe
Naturlehrpfad Nienborg ❸
Burg Nienborg ❹
Vogelaussichtskanzel ❼
Rock´n Pop-Museum ❽ Udo-Lindenberg-Platz 1, 48599 Gronau, Tel. (0 25 62) 8 14 80, www.rock-popmuseum.de

- 40 Kilometer
- 190 Höhenmeter
- 3 Stunden
- Rundtour

Ehemalige Wassermühle

Erfrischungstour 14

Mit dem Rücken zum Bahnhof Billerbeck folgen wir der blauen Beschilderung in Richtung Kolvenburg und rollen die baumumsäumte Bahnhofstraße leicht bergab ins Zentrum hinein. Am Dom geht es auf Höhe eines Eiscafés mit einem kleinen Schlenker rechts an einem Brunnen vorbei in die Lange Straße, die uns schon nach kurzer Zeit zum ersten Etappenziel, der romanischen Johanniskirche ❶, führt. Einladend ist nicht nur der mit pittoresken Häusern rund bebaute Kirchhof, sondern auch das Innere der schlicht gehaltenen Stufenhallenkirche von 1234.

Wir überqueren den Kirchplatz und nehmen am Restaurant entlang die kleine Gasse, die uns direkt zum Busbahnhof B bringt. Wir halten uns rechts und

Die Berkel entspringt in den Baumbergen, fließt in einer Länge von 150 Kilometern von Billerbeck in die Niederlande, mündet ins Ijsselmeer und speist die Nordsee! Die liebevolle Renaturierung einzelner Abschnitte verdient das Prädikat: Besonders natürlich!

Berkelmania
Im Schatten der Baumberge

steuern am Busbahnhof A vorbei auf die Brücke zu, hinter der uns nach rechts ein schöner Uferweg entlang des kleinen Flusses führt, der uns am Fuße der Baumberge immer wieder begegnen und einladen wird, uns Zeit für unsere Seele zu nehmen: die Berkel.

Die nächste Zeit unbeirrt dem roten Pfeil in Richtung Coesfeld folgend, geht es über eine Brücke, deren Mahlstein am Geländer an die ehemalige Wassermühle in Billerbeck erinnert. Hier ist die aufgestaute Berkel ❷ so belassen wie früher und darf fließen, wie sie will. Hinter dem Mühlenteich fahren wir kurz links, um an der Ampelkreuzung auf Höhe der Feuerwache die Straße nach links zu überqueren und unmittelbar hinter der nächsten Brücke zum Jüdischen

Erfrischungstour 14

Friedhof ❸ zu gelangen. Eindrucksvoll liegt dieser gut erhaltene Ruheplatz an unserem Weg, den wir nach wenigen Metern nach rechts zugunsten des Uferweges verlassen. Wir folgen der Berkel eine geraume Zeit, lassen uns ganz von ihrer Auenatmosphäre umfangen, bis sie in eine Linkskurve übergeht und wir an einer Fabrikanlage auf eine asphaltierte Querstraße stoßen. Diese nehmen wir nach links, um an der nächsten Einmündung links erneut die Berkel zu überqueren und hinter der Brücke gleich wieder nach rechts neuen Schwung aufzunehmen. An der querenden **L 581** wenden wir uns nach rechts und fahren über die Kreuzung mit den weiß-roten Stangen hinweg bis an den **Bahnhof Lutum** ❹ heran. Im Bereich dieses Bahnhofs finden wir viel Eisenbahnleidenschaft, die uns

Bahnhof Lutum

Im Schatten der Baumberge

den vor uns liegenden Abschnitt des Bahnradweges Münsterland umso schmackhafter macht. Dazu fahren wir die knapp 200 Meter zur Kreuzung zurück, um nach rechts parallel zur Bahn in Richtung Coesfeld weiterzuradeln. Im Zickzack geht es über die Bahnlinie, um nach dem dritten Bahnübergang auf Höhe einer Kriegerdenkmalkapelle der St. Lambertus-Brüderschaft den Bahnradweg geradeaus zu verlassen, bis wir kurze Zeit später zur **L555** gelangen. In diese biegen wir auf der gegenüberliegenden Straßenseite links ein, um die viel befahrene Straße gleich wieder nach rechts auf der Höhe von **Gaupel 15-19** zu verlassen. Dabei nehmen wir noch einen schönen Blick auf den sich links abzeichnenden Coesfelder Berg mit, der uns schon jetzt zu rufen scheint und dessen Ruf wir – verspro-

❁ Für die Seele

Natürliche Größe finden wir im Kleinen.

chen – nachkommen werden. Unser Weg führt uns über eine Brücke – natürlich die Berkel – und leicht ansteigend in das idyllische **Naturschutzgebiet Brink** ❺. Eine ehemalige Tonabgrabungsfläche ist das Herzstück dieses Naturschutzgebietes. Mit zahlreichen Kleingewässern und Gebüschen stellt es ein Paradies für geschützte Arten wie Laubfrosch, Molcharten, Libellen und andere Insekten dar.

Am Ende der Grabungsfläche stoßen wir auf eine Querstraße, in die wir links einbiegen und die uns den Blick auf die Große Kreuzwegkapelle freigibt. Auf diese hin orientieren wir uns, indem wir uns an der Gärtnerei rechts halten, den Lehrbienenstand passieren und an die **B 474** gelangen. Hier führt rechts ein kleiner,

Erfrischungstour 14

Naturschutzgebiet Brink

straßenbegleitender Pfad zur Kapelle, die 1659 errichtet wurde und als eine von 18 Stationen des Coesfelder Prozessionsweges auch unsere Tour berührt. Seit rund 350 Jahren suchen Menschen auf diesem Weg meditierend Kraft und Trost oder sind ganz einfach „dem Leben auf der Spur". Wir überqueren vorsichtig die Landstraße und können jetzt unserem Durst und Hunger nachspüren, um diese vielleicht im gegenüberliegenden Restaurant Ionion ❻ und seinem Biergarten mit griechisch-mediterranen Leckereien zu stillen.

Rechts hinter dem Restaurant setzen wir unsere Tour auf dem Großen Kreuzweg ❼ fort, der uns zu allen Jahreszeiten paradiesisch umfängt. Die nächsten Kilometer auf dieser herrlichen Allee lassen uns wunderbar entschleunigen. Dazu wechseln wir erst hinter der Bahnschranke direkt auf den Alleenweg über und folgen ihm bis zur kleinen Kreuzwegkapelle. Hier biegen wir links ab, und der schöne Weg scheint kein Ende zu nehmen. Doch Am Weißen Kreuz gelangen wir auf Höhe der Parkplätze links in die gleichnamige Straße, die uns zur Borkener Straße führt. Hier wechseln wir auf die gegenüberliegende Straßenseite, setzen nach links unseren Weg fort, um rechts in die Neumühle einzubiegen, zu der wir nach wenigen Metern gelangen. Außerdem wieder – wo sonst – an die Berkel ❽.

Im Schatten der Baumberge

Hinter der Brücke geht es nach links immer am Fluss entlang und dem roten Pfeil folgend auf nahezu autofreiem Wege bis in die Innenstadt Coesfelds. Dabei passen wir noch einmal auf, dass wir beim kurzzeitigen Übergang auf den Asphaltweg Berkelwiese rechts in den Wester Esch abbiegen, um gleich wieder nach links unseren schönen Uferweg in die City fortzusetzen. Wenn wir eine nostalgische Eisenbahnbrücke unterquert haben, gelangen wir an den Gerichtsring, wenden uns hier nach links und fahren über die Berkel hinweg bis zur nächsten Kreuzung. Hier biegen wir rechts in die Süringstraße ein, um nun auf den Marktplatz ❾ mit seinem feinen Ensemble aus Lambertikirche, Rathaus, Jesuitenkirche und Schloss einzu-

Am Großen Kreuzweg

Im Schatten der Baumberge

fahren. Empfehlenswert ist ein Besuch beider Kirchen: Die ehemalige Jesuitenkirche besticht durch ihren großzügigen Raum, die Lambertikirche beherbergt das vielleicht bedeutendste und größte Gabelkreuz Deutschlands, das Coesfelder Kreuz.

Hinter der Lambertikirche nehmen wir auf Höhe der Sparkasse die Walkenbrückenstraße in Richtung Stadtbücherei und biegen rechts in die Mühlenstraße ein. Schon erblicken wir das pittoreske **Walkenbrückentor 10**, das heute das Stadtmuseum beherbergt. Gebührend verabschiedet uns die Stadt Coesfeld, indem wir das Tor durchfahren, wie selbstverständlich die Berkel überqueren und rechts in den Schützenwall einbiegen. Diesen verlassen wir schon nach kürzester Zeit links zugunsten von In den Kämpen und der kreiselförmigen Brücke, die uns sicher über die Hauptstraße bringt. Hinter der Brücke setzen wir unsere Fahrt geradeaus auf dem schönen, baumumsäumten Weg aus der Stadt heraus fort, bis wir hinter dem Kloster Annentahl auf einen Querweg stoßen, dem

Walkenbrückentor

wir rechtsherum folgen, um hinter einem Bauernhof und an der nächsten Kreuzung gleich wieder links in den Gerlever Weg einzubiegen. Nach rund 100 Metern führt von der Asphaltstraße Jakobiberg rechts ein Feldweg ab, der die schönere Variante bietet. Dieser lässt uns nach so viel Stadtluft erst einmal wieder tief durchatmen und führt uns nach einer Linkskurve auf eine querende Asphaltstraße, auf der wir nach links und gleich wieder nach rechts auf die ursprüngliche

Erfrischungstour 14

Wer Eintöpfe liebt, sollte sich an einem Donnerstag zur Klostergaststätte begeben. Dann ist Eintopftag gemäß der Deklaration der Beuroner Benediktinerkongregation: „Die Kost ist einfach und gesund."

Straße Jakobiberg zurückkehren und geradewegs auf das **Kloster Gerleve** ⑪ zuradeln. Schon werden die Türme der Klosterkirche sichtbar, und gerne nehmen wir die Einladung des Jakobiberges an, uns bis zum Benediktinerkloster hinabrollen zu lassen. Es empfiehlt sich, zunächst eine Stärkung per Radlersalatteller und als Nachtisch die leckere, hausgemachte Stachelbeertorte in der **Klostergaststätte** ⑫ einzunehmen, bevor wir die künstlerisch interessant umgestaltete Klosterkirche besuchen. Für Leseratten bietet sich ein Besuch im Klosterbuchladen an. Ein Rundgang über das gesamte Klostergelände zeigt, dass dieser Ort eine Oase für die Seele ist; und wenn wir noch einen entspannt wandelnden Mönch sehen, scheint die Zeit endgültig zum Stillstand gekommen zu sein.

Weiter geht es. Mit dem Rücken zum Kloster nach rechts nehmen wir den steilsten, dafür aber letzten Anstieg in Angriff. Da der Aufstieg nur kurz ist, kann

Kloster Gerleve

Im Schatten der Baumberge

Ehemalige Badeanstalt

das Rad auch problemlos geschoben werden. Und der Mühen Lohn ist groß. Oben angekommen, wenden wir uns auf dem straßenbegleitenden Radweg der K 52 und auf dem Ludgerusweg nach rechts, um auf dem Coesfelder Berg die Aussicht zu beiden Seiten in die hügelige Landschaft hinein zu genießen. Rechts erblicken wir die Roruper Berge, links das schöne Billerbeck mit seinen unverwechselbaren drei Kirchtürmen. Das Panorama ist großartig, und wir lassen uns dazu rollen und rollen. Vorsichtig überrollen wir die L 580, um geradeaus über den Napoleonweg an die nächste Kreuzung und die Daruper Straße/K 13 zu gelangen, der wir linksherum abwärts folgen, um nach rund 700 Metern erneut rechts abzubiegen und direkt auf die L 577 zuzufahren. Hier geht es links und auf dem straßenbegleitenden Radweg ein Stück die Landstraße entlang, um kurze Zeit später hinter dem Ortseingangsschild links in den Weg zum Ursprung allen Genusses, der Berkelquelle, einzufahren. Wir folgen nun dem roten Pfeil, der uns auf dem Uferweg der Berkel ⑬ bis in die Innenstadt Billerbecks zurückführt. Vorab

Erfrischungstour 14

Billerbecker Kirchtürme

„Wallen" bedeutet „in eine Richtung ziehen". Im Münsterland finden traditionelle Wallfahrten u. a. zum Gründer des Bistums Münster, dem Heiligen Ludgerus, und seiner Sterbekapelle im neugotischen Billerbecker Dom statt.

billerbecks BAHNHOF bietet Ausstellungen, Lesungen und Konzerte. Als Ausgangspunkt für Wanderungen in die Baumberge wurde er 2013 zudem als Wanderbahnhof prämiert. Außerdem gibt es hier ein Café und einen zum Tagungsraum umgebauten Eisenbahnwaggon.

aber können wir noch links hinter den Büschen die Badende in der alten Badeanstalt kurz vor ihrem eleganten Sprung ins Wasser beobachten, nach Überquerung der K 30 im Wassertretbecken unsere Füße und auch die Arme kühlen und, wenn wir auf den Asphaltweg stoßen, links die etwas zurückliegende Kolvenburg 14 besuchen. Sie wurde um 1300 von den Rittern von Billerbeck errichtet; das Herrenhaus aus Bruch- und Werkstein stammt aus dem 16. Jahrhundert. Heute ist die Burg Sitz des Kulturzentrums des Kreises Coesfeld.

Jetzt heißt es, von unserer treuen Begleiterin Abschied zu nehmen. Unser Weg führt uns nach rechts und ein letztes Mal über die uns so vertraut gewordene Berkel. Wir kommen erneut am Busbahnhof B vorbei und gelangen auf dem demselben Weg über den Johannikirchplatzplatz zum Start zurück, nicht ohne noch im Kleinen Café 15 die Tour Revue passiert und den Dom 16 besucht zu haben.

Wenn wir wieder an billerbecks BAHNHOF 17 angekommen sind und auf den Zug warten müssen, lohnt auf jeden Fall noch ein Blick in das Gebäude, das viel Kultur und ein weiteres Café zu bieten hat.

Kolvenburg

Alles auf einen Blick

WIE & WANN:
Ganzjährig befahrbar, Asphalt- und gut befahrbare Schotterwege wechseln sich ab; die leichten Steigungen sind maßvoll und müssen nicht gescheut werden

HIN & WEG:
Auto: Parken am Bahnhof (GPS: 51.981545, 7.296912)
ÖPNV: Mit der Bahn bis Bf Billerbeck (RB 63 Münster–Billerbeck–Coesfeld, Baumbergebahn)
Fahrradverleih: billerbecks BAHNHOF, Am Bahnhof 1, 48727 Billerbeck, Tel. (0 25 43) 23 87 07

ESSEN & ENTSPANNEN:
Restaurant Ionion ❻ Brink 27, 48653 Coesfeld, Tel. (0 25 41) 9 22 68 20, www.ionion-restaurant.de
Klostergaststätte Gerleve ⓬ Gerleve, 48727 Billerbeck, 48727 Billerbeck, Tel. (0 25 41) 80 01 34, www.abtei-gerleve.de/gaststatte/intro
Das kleine Café ⓯ Johannikirchplatz 19, 48727 Billerbeck, Tel. (0 25 43) 46 30, www.daskleinecafe.de

Entspannung ✸✸✸✸✸
Genuss ✸✸✸✸✸
Romantik ✸✸✸✸✸

ENTDECKEN & ERLEBEN:
Johanniskirche ❶ Johannikirchplatz, 48727 Billerbeck, Tel. (0 25 43) 62 09, www.domsite-billerbeck.de **Berkellandschaft I ❷**
Jüdischer Friedhof ❸ Hagen, 48727 Billerbeck **Bahnhof Lutum ❹**
Naturschutzgebiet Brink ❺ **Großer Kreuzweg ❼** Coesfeld
Berkellandschaft II ❽ **Marktplatz Coesfeld ❾**
Walkenbrückentor ❿ Mühlenplatz 3a, 48653 Coesfeld
Kloster Gerleve ⓫ Gerleve, 48727 Billerbeck, Tel. (0 25 41) 80 00, www.abtei-gerleve.de
Berkellandschaft III ⓭ **Kolvenburg ⓮** An der Kolvenburg 3, 48727 Billerbeck, Tel. (0 25 43) 15 40, www.kolvenburg.de
Dom ⓰ Kirchstraße 4, 48727 Billerbeck, Tel. (0 25 43) 62 09, www.domsite-billerbeck.de
billerbecks BAHNHOF ⓱ Am Bahnhof 1, 48727 Billerbeck, Tel. (0 25 43) 23 87 07, www.billerbecks-bahnhof.de

Erfrischungstour 15

Wir starten unsere Tour am Hauptbahnhof auf der Ostseite am **Bremer Platz,** nehmen die Schillerstraße in Richtung Osten und gelangen zu unserer ersten Brücke, die den **Dortmund-Ems-Kanal (DEK)** ❶ überspannt. An heißen Sommertagen heißt es hier: „Pack die Badehose aus", dann suchen unzählige Sonnenanbeter und Badegäste in Münsters größter Badewanne – auf eigene Gefahr – Abkühlung.

Wir überqueren die Brücke und biegen sogleich links ab, um auf die Kanalpromenade zuzufahren und nach links unter derselben Brücke hindurch unseren Weg fortzusetzen. Ab hier können wir die pulsierende Stadt hinter uns lassen und ganz entspannt immer nahe am Kanal entlang dem Uferweg in Richtung Hiltrup

Die Seele waschen
An münsterschen Gewässern

folgen. Nach rund 1,5 Kilometern heißt es einmal kurz aufgepasst, um ein Asphaltmischwerk zu umfahren, das uns leider die Durchfahrt verwehrt. Wir vertrauen uns dazu dem Hinweisschild „Weiterführung Kanalpromenade" an, unterqueren die Brücke, durchfahren ein Gewerbegebiet und erreichen die **Loddenheide.** In diese biegen wir nach rechts ein, um nach rund 400 Metern erneut nach rechts in den kleinen Asphaltweg einzufahren, der uns nach kurzer Zeit durch ein Gewerbegebiet hindurch wieder direkt an den DEK zurückführt. Für dieses weniger erquickliche Intermezzo werden wir sofort entschädigt, denn die vor uns liegende Allee lässt uns gleich wieder genussvoll weiterradeln. Jetzt heißt es „Brücken zählen". Kurz vor der

Erfrischungstour 15

Wasserwerk im Jugendstil

dritten Brücke halten wir uns rechts nah am Ufer, unterqueren diese und die nachfolgende Brücke und gelangen nach einer langen Rechtskurve zur fünften, graublauen Eisenbahnbrücke mit rosa Streben. Hier endet unsere entspannte Fahrt am Kanal entlang erst einmal. Rund 80 Meter hinter der Brücke verlassen wir nach links den Uferweg, überqueren geradeaus die Hauptstraße und gelangen parallel zur Bahnlinie zum **Hiltruper See** ❷, der uns zu unserer ersten Pause auf einer der zahlreichen Bänke am Wasser einlädt.

Weiter an der Bahnlinie entlang führt uns der Weg einmal kurz rechtsherum, um auf einen Asphaltweg zu treffen, der uns links über die Eisenbahnbrücke direkt in das idyllische Waldgebiet Hohe Ward hineinrollen lässt. Hier folgen wir dem roten Pfeil in Richtung Albersloh durch ein Wasserschutzgebiet und stoßen schon bald auf ein technisches Monument, das denkmalgeschützte **Pumpwerk Hohe Ward** ❸.

Nachdem wir die Infotafeln studiert haben, geht es weiter, immer weiter geradeaus durch schönsten Mischwald. Wir gelangen am Ende des Waldstücks und hinter dem Reitverein an eine Einmündung, an der uns „Waldemar, der wilde Heidekönig" und eine

Das Pumpwerk Hohe Ward ist ein zwölfeckiger Zentralbau von 1906. Es besitzt in seiner Hallenmitte einen großen Sammelbrunnen, der aus 50 (!) kleineren Brunnen, westlich und östlich des Werkes gelegen, gespeist wird und Münster mit Trinkwasser versorgt.

An münsterschen Gewässern

einladende Sitzgruppe empfangen, um uns zu einer weiteren Infopause zu bewegen. Wir folgen danach weiterhin dem roten Pfeil, um nach der Rechtskurve schon den Turm der St. Ludgerus-Kirche von Albersloh zu erblicken. Der Weg führt uns zur **Münsterstraße/L 586,** auf die wir ins Zentrum einfahren und zum ersten Mal nach Kanal, See und Brunnen an einen Fluss, die Werse, gelangen. Gleich hinter der Brücke lädt uns Antonio Ottone in sein italienisches **Eiscafé Etna** ❹ und auf seine schöne, flussnahe Terrasse zu einer ersten, kühlen Pause ein.

Nach einem feinen Eisbecher biegen wir direkt hinter dem Eiscafé links ab, passieren die Kirche, um nach rund 100 Metern links in einen Weg einzufahren, der uns über den Parkplatz hinweg zur Werse

Die Werse ist ein 110 Kilometer langer Fluss, der in der Senne bei Rheda-Wiedenbrück entspringt und nördlich von Münster in die Ems mündet. Sie hat der Landschaft ihr unverwechselbares Profil gegeben.

❀ Für die Seele
Alles ist immer im und am Fluss.

bringt. Auf der Fußgängerbrücke haben wir noch einmal einen idyllischen Blick über Dorf und Fluss. Kurz hinter der Brücke auf Höhe des Bolzplatzes biegen wir nach rechts in den Werse Radweg ein, dem wir die nächsten rund 20 Kilometer durch eine sehr abwechslungsreiche Landschaft folgen. Zunächst geht es flussabwärts an Pferde- und Entengehegen vorbei und an Feldern entlang bis zu einem Aussichtsturm, der uns einen weiteren Fernblick über die **Werse-Flusslandschaft** ❺ gewährt. Vor uns sehen wir eine große Antennenanlage, die Funksendestelle der Bundeswehr (Achtung: siehe Hinweis unter „Wie & Wann" für Radelnde mit Herzschrittmacher!).

Weiter geht es in langsamem Tempo dem ge-

Erfrischungstour 15

schwungenen Verlauf der gemächlich dahinfließenden Werse nach. Ihre Fließgeschwindigkeit ist die überwiegende Zeit des Jahres sehr gering, da das Wasser zur Regulierung der Ems häufig aufgestaut wird. Schließlich erreichen wir eine Brücke, die wir zum Seitenwechsel nutzen, um auf der rechten Seite der Werse unsere Tour fortzusetzen. An einem herrlichen Rastplatz in einer Rechtskurve können wir noch einmal innehalten, bevor wir auf Höhe der thronenden Eiche mit einer Linkskurve für die nächste Zeit etwas von der Werse abkommen werden. Unser Weg führt uns nun über Asphalt an Haus Dahl 6 vorbei. Das Haus Dahl ist ein kleines, typisch westfälisches Herrenhaus aus dem 16. Jahrhundert mit ebenso für das Münsterland und seinen Adel barocken Fensterfluchten. Der Asphaltweg mündet auf die Hiltruper Straße/K37 ein, die

Idylle auf dem Werseradweg

An münsterschen Gewässern

uns links erneut über die Werse führt und nach rechts dem roten Pfeil in Richtung Angelmodde folgen lässt. Wir radeln durch eine kleine Allee an Feldern entlang, halten uns unmittelbar hinter der Sportanlage rechts und fahren auf die Rad- und Fußgängerbrücke zu, die uns in Richtung Angelmodde Dorf erneut den Fluss überqueren lässt. Gleich hinter der Brücke geht es scharf links, und die Werse hat uns wieder.

Wir fahren auf dem Uferweg hinter Gärten vorbei, passieren eine Eisenbahnbücke und müssen nun sehr aufmerksam dem roten Pfeil folgen. Nach der Eisenbahnunterführung biegen wir hinter dem Kindergarten in Alt Angelmodde links ab, um dem „Luer Pättken" zum Kirchplatz zu folgen. Vor uns sehen wir **St. Agatha-Kirche** ❼, die den historischen Mittelpunkt des Ortes bildet und als eine der wenigen Dorfkirchen des Münsterlandes ihren althergebrachten, romanischen Charakter aus dem 12. Jahrhundert bewahrt hat.

Haus Dahl

Anschließend folgen wir unmittelbar auf Höhe von Alt Angelmodde 24 dem schmalen Weg zwischen Hinterhofgärten hindurch bis zum **Angelmodder Weg/K 3.** Hier wenden wir uns nach links, um erneut die Werse zu überqueren und setzen unsere Tour für rund 500 Meter auf dem Radweg parallel zur Kreisstraße fort. Auf Höhe der Bushaltestelle Am Hohen Ufer geht es mit dem roten Pfeil in Richtung Handorf nach rechts auf den Sportplatz des SC Gremmendorf zu, um auf Höhe des Parkplatzes nach rechts über die Fahrradstraße erneut auf die Werse zuzurollen. Schon geht es weiter gemächlich durch eine begeisternde Flussidylle am baumumsäumten Ufer entlang. Flora und Fauna haben hier viel zu bieten, und mit etwas

An der südlichen Außenwand der St. Agatha-Kirche befindet sich das Grabmal von Fürstin Amalie von Gallitzin (1748–1806), die im Zuge der Aufklärung einen überregional bedeutsamen, den pädagogisch literarischen „Kreis von Münster" ins Leben rief.

Pleistermühle

An münsterschen Gewässern

Glück erblicken wir erneut nicht nur den stolz aus dem Wasser aufragenden Reiher auf Fischfang, sondern auch einen Eisvogel. Im Sommer werden uns auf jeden Fall viele Kanus und Kajaks begegnen, denn die Werse ist ein Traum für Freizeitwassersportler. Auch die bunten Wochenendhäuser auf der gegenüberliegenden Uferseite tragen zu einer entspannten Atmosphäre bei, die Urlaubsgefühle schürt, uns zumindest aber an eine weitere Auszeit gemahnt. Die Pause gönnen wir uns spätestens an der Pleistermühle 8, die mit vielseitiger Innen- und Außengastronomie aufwartet.

Die Pleistermühle ist eine typisch westfälische Kaffeewirtschaft, die seit 1808 nicht nur Bauern und Flößer, sondern auch Poeten wie Hermann Löns anzog. Heute finden sich hier neben Gourmets auch viele Radelnde, Minigolfende und Kanuten ein.

Danach setzen wir unseren Weg auf der gegenüberliegenden Uferseite fort. Dazu wenden wir uns vor dem Kanuverleih nach rechts auf Alt Pleistermühle zu, passieren die Ateliers und gelangen auf die Wersebrücke. Ein Blick auf das Wehr lässt uns noch einmal kurz an- und innehalten, um nach der Überfahrt linksherum unseren Uferweg fortzusetzen. Schon nach kurzer Zeit lockt uns der Nobis Krug 9 zum erneuten Pausieren. Das Traditionshaus vor den Toren Münsters beherbergt ein Café-Restaurant mit typisch westfälischer Küche, die wir ebenso im Biergarten mit Blick über Felder und Wiesen genießen können.

Das Café umfahren wir rechts, um die Brücke an der B 51 zu unterqueren und weiterhin mit dem roten Pfeil auf Handorf zuzufahren. Am Ende des Grottenkamp gelangen wir an eine Kreuzung, an der wir links in den baumumsäumten Schotterpfad einbiegen, den wir nach rund 100 Metern wieder links zugunsten eines Schotterweges verlassen. Wir kommen zu einer Weggabelung, an der wir dem roten Pfeil nach links folgen, um uns über eine Rad- und Fußgängerbrücke in den Boniburger Wald zu begeben. Direkt hinter der Brücke erwartet uns ein Rastplatz, an dem wir uns mit einem kleinen Rückblick auf

Erfrischungstour 15

unseren treuen Fluss und Wegbegleiter verabschieden können.

Wir folgen nun dem Asphaltweg durch den Boniburger Wald in Richtung unseres nächsten Highlights, dem **Haus Dyckburg** ⑩. Wenn wir einen Bildstock des Heiligen Hubertus, dem Schutzpatron der Jagdleute, passiert haben, halten wir uns auf Höhe eines Weihers rechts und fahren direkt auf dieses prächtige Barockjuwel zu. Die ehemalige Wasserburg wurde zwischen 1735 und 1740 von dem westfälischen Stararchitekten Johann Gottfried Schlaun zu dieser feinen Barockanlage umgebaut.

In Fahrtrichtung geht es auf die **K 33**, die **Dyckburgstraße**, zu, in die wir links einbiegen. Auf dem straßenbegleitenden Radweg gelangen wir über eine scharfe S-Kurve an eine Bahnüberführung heran, die wir in Richtung Schleuse unterqueren, um geradeaus über die Dingstiege an Schrebergärten vorbei wieder an

Haus Dyckburg

An münsterschen Gewässern

den DEK zu gelangen. Am Zaun der Schleuse angelangt, empfiehlt sich nach rechts noch ein Abstecher zur Schleuse Münster 11, die uns zu einem kurzen Verweilen und „Floaten" einlädt. Denn wenn sich gerade Schiffe im Schleusenbecken befinden, lässt das langsame Hoch- oder Herunterschleusen uns eine weitere Erfahrung von Entschleunigung machen.

Sind die Schiffe „durch", nehmen auch wir wieder Fahrt zurück zur Dingstiege auf, um diese jedoch links liegen zu lassen und unseren Weg am Kanal mit dem roten Pfeil in Richtung Mauritzviertel fortzusetzen. Zunächst unterqueren wir die B 51 und kommen zu einer Fußgängerbrücke. Diese nehmen wir, kurz das Rad schiebend, in Anspruch, um den DEK zu überqueren. Vor uns liegt die herrliche Lindenallee des historischen Prozessionsweges, die allerdings nur Fußgängern, vor allem den Pilgern zum benachbarten Marienwallfahrtsort Telgte vorbehalten

Kanalfahrt

ist. Wir können jedoch gleich parallel zur Allee die Straße nutzen, um über den St. Mauritz-Lindenweg immer geradeaus und an einem Friedhof vorbei zur Pfarrkirche St. Mauritz zu gelangen.

Über eine Fußgängerampel kreuzen wir den Hohenzollernring, passieren das St. Mauritiushaus und gelangen zur Warendorfer Straße. Hier halten wir uns links und treffen auf ein großes Angebot an Gastronomie, um unsere Tour kulinarisch ausklingen zu lassen. Rund 100 Meter vor der Eisenbahnbrücke biegen wir nach links in die Schwelingstraße und an ihrem Ende nach rechts in die Schaumburgstraße ein, überqueren noch einmal vorsichtig geradeaus die Wolbecker Straße und kommen umgehend zum Bremer Platz und zu unserem Ausgangspunkt zurück.

Alles auf einen Blick

WIE & WANN:
Überwiegend asphaltierte Wege, gut befahrbare Schotterwege und außerhalb der Ortschaften autofrei, flache Strecke, ganzjährig gut befahrbar
Hinweis für Radelnde mit Herzschrittmacher: der ausgezeichneten Umleitung von Albersloh nach Rummler folgen und zurück an die Werse (Infos unter: www.parklandschaft-warendorf.de/radfahren/werseradweg/aktuelle-umleitungen)

HIN & WEG:
Auto: Parken im Parkhaus Bremer Platz (GPS: 51.958077, 7.637687)
ÖPNV: Mit der Bahn bis Hbf Münster (Fern- und Nahverkehr, ICE, EC/IC, RE, RB)
Fahrradverleih: Radstation Münster, Berliner Platz 27a, 48143 Münster, Tel. (02 51) 4 84 01 70

ESSEN & ENTSPANNEN:
Eiscafé Etna ❹ Münsterstraße 1, 48324 Sendenhorst,
Tel. (0 25 35) 3 71 99 71, www.eiscafe-etna.de

Entspannung ✹ ✹ ✹ ✹ ✹
Genuss ✹ ✹ ✹ ✹ ✹
Romantik ✹ ✹ ✹ ✹ ✹

Pleistermühle ❽ Pleistermühlenweg 196, 48157 Münster, Tel. (02 51) 13 67 60, www.pleistermühle.de
Restaurant Nobis Krug ❾ Warendorfer Straße 512, 48157 Münster,
Tel. (02 51) 93 26 72 01, www.nobiskrug.de

ENTDECKEN & ERLEBEN:
Dortmund-Ems-Kanal ❶
Hiltruper See ❷
Pumpwerk Hohe Ward ❸
Werse-Flusslandschaft ❺
Haus Dahl ❻
St. Agatha-Kirche ❼ Kirchplatz, 48167 Münster-Angelmodde
Haus Dyckburg ❿ Dyckburgstraße 224, 48157 Münster, Tel. (02 51) 62 06 57 80
Schleuse Münster ⓫ Schiffahrter Damm 192, 48145 Münster, Tel. (02 51) 23 93 82 75

*Die GPS-Daten zu jeder Tour gibt es auf
www.droste-verlag.de*

© 2020 Droste Verlag GmbH, Düsseldorf
4. Auflage 2021 Droste Verlag GmbH, Düsseldorf
Konzeption/Satz: Droste Verlag, Düsseldorf
Einbandgestaltung: Britta Rungwerth, Düsseldorf, unter Verwendung von Bildern von stock.adobe.com: © Brilliant Eye; fotolia by Adobe: © 3d_generator, © Andrey Kuzmin, © niroworld, © Nik Merkulov; Schutterstock.com: © Caue de Oliveira Buck, © Nik Merkulov
Fotos: Jutta Küdde, außer: S. 27: Johanna Schindler; S. 48 (rechts): P&M-Werbeagentur; S. 117 und S. 119: Lembecker.de/Frank Langenhorst; S. 156: Peter Schlick; Foto Einband Jutta Küdde: Paul Joachim Müller
Karten: Sameena Jehanzeb, Bonn
Druck und Bindung: LUC GmbH, Greven

Alle Angaben in diesem Buch wurden sorgfältig recherchiert und geprüft. Für die Richtigkeit der Angaben, für etwaige Unfälle und Schäden jeglicher Art kann keine Haftung übernommen werden; die Nutzung erfolgt auf eigenes Risiko. Abweichungen, die nach Redaktionsschluss erfolgten, konnten nicht mehr berücksichtigt werden. Hinweise und Änderungen nehmen wir gern entgegen.

ISBN 978-3-7700-2202-1
www.droste-verlag.de